人力资源

从业人员需要了解的

灵活用工知识

王汉林　著

经济日报出版社

图书在版编目（ＣＩＰ）数据

人力资源从业人员需要了解的灵活用工知识 / 王汉
林著. -- 北京 ：经济日报出版社, 2021.11
　ISBN 978-7-5196-0969-6

　Ⅰ. ①人… Ⅱ. ①王… Ⅲ. ①人力资源管理－基本知
识－中国 Ⅳ. ①F249.23

中国版本图书馆 CIP 数据核字(2021)第 222987 号

人力资源从业人员需要了解的灵活用工知识

作　　者	王汉林
责任编辑	黄芳芳
助理编辑	王孟一
责任校对	匡卫平
出版发行	经济日报出版社
地　　址	北京市西城区白纸坊东街 2 号 A 座综合楼 710（邮政编码：100054）
	010-63567684（总编室）
	010-63584556（财经编辑部）
	010-63567687（企业与企业家史编辑部）
	010-63567683（经济与管理学术编辑部）
	010-63538621　63567692（发行部）
网　　址	www.edpbook.com.cn
E－mail	edpbook@126.com
经　　销	全国新华书店
印　　刷	三河市兴国印务有限公司
开　　本	880×1230mm　1/32
印　　张	8
字　　数	130 千字
版　　次	2021 年 11 月第 1 版
印　　次	2021 年 11 月第 1 次印刷
书　　号	ISBN 978-7-5196-0969-6
定　　金	59.00 元

序　言

一起努力让明天更美好

　　"聚像一团火，散似满天星。"生动地描绘了创业者遇到困难时的心态，更是一种精神。这是汉林的朋友圈，我与他结识是在 2013 年，那时他在大圣打工网做城市合伙人，主要是帮助企业解决蓝领招工难的痛点，也是他刚刚接触线下传统人力资源行业。一路走来，我见证了他对传统人力资源行业服务产品以及运营的深刻理解，去年疫情爆发前得知他要写一本关于人力资源行业服务产品知识类的书很是为他高兴，初见手稿眼前一亮，本书对劳务派遣、灵活用工、平台用工形式做了详尽的解读，可以说是人力资源行业不多见的工具类丛书。能预见到，此书既能很好地帮助从业者提升专业度，也可以帮助人力资源公司完善内部服务系统，还可以成为企业根据业务特点选择不同的人力资源服务产品时的决策依据，对于从业者来说可以高效获取行业知识，提升认知水平，使之从职场"小白"蜕变成为行业精英。

　　我很高兴看到这本书的出版，既完成了汉林的一个心愿，也是他对从事人力资源行业经验的总结。

　　人力资源行业还有很多不完美，希望这本书能帮助到更多想通过自身能力提升、推动行业进步的人们。一起加油，让明天变得更美好！

天津开发区泰辉人力资源服务有限公司 CEO

创维（天津）网络技术有限公司创始人

李辉

2020 年 11 月 30 日

自　序

　　2018 年起，有关灵活用工的业务呈井喷式增长，一时间市场上很多机构与企业都投入到此项业务的研究与开发之中，我个人也是在这个时候真正地开始接触灵活用工业务的。为了深入了解此项业务，我在各大图书网站将涉及到灵活用工字眼的图书搜寻了个遍，仅找到了为数不多的几本介绍灵活用工业务的书籍，而其他图书不是打着灵活用工的幌子去谈其他，就是在书中仅有部分篇章对其简单概述。通读这些书籍给人的感觉就是：理论大于实战，对未来的思考居多，对当下的实操则欠缺介绍。随着在工作中跟朋友与同事交流的深入，越来越感觉到，很多同行与从业人员对于灵活用工的概念认知相对模糊，并且在操作上也很不规范，所以我个人就萌生了写一本有关灵活用工实操方面的书的想法。

　　在写作之初，正值新冠疫情爆发的高峰期，我国多数企业由于不能正常地开展工作与生产，陷入到了经营的困境。很多人由于企业不能开工，而导致失业。在此种情形下，一些企业在复工复产的过程中，为了降低用工成本、提高人效，从而采用"共享用工"的方式，灵活地进行人员的调配与岗位的设置，达到降低企业用工成本、缓解就业压力、提升劳动者工资待遇的目的，可谓是一举多得。一时间灵活用工成为了社会关注的热点话题。

　　不过随着我与同行伙伴以及老师们交流的深入，发现其实所谓的灵活用工并不是一个全新的概念，它很早就已经存在，只不过我们并没有对它正确地认知。诸如我们常说的劳务派遣、劳务外包、非全日制用工等概念其实都属于灵活用工的范畴，但之前没有人将其进行统一的归纳。

　　在找到了灵活用工的一些具体业务范围后，我又开始思考，其实很多的业务已经在市场上存在了很长的时间，例如劳务派遣业务。但当我将这些业务跟我的同行伙伴以及一些从事人力资源工作很长时间的人进行沟通后，发现很多人对于这些业务不论是在认知上，还是实际操作上，均存在一些问题。很多基础的知识，大家还不甚了解，而很多错误的操作方法，居然成为了主流的操作方法。这些情况不免让人唏嘘。深究其原因，主要是：1. 对业务的本质缺乏了解，不能充分理解不同业务的实际内核；2. 从业人员专业水平较低，提供的产品与服务表面化；3. 在法务、财务、税务等方面知识相对欠缺。这就更加促使我要写一本站在实战的角度，来介绍灵活用工业务的书。一方面是为了能够将个人近些年的工作经验进行梳理，另一方面也希望用自己的微薄之力帮助广大从业者解决一些实际问题。

本书写作的核心是从实战出发，并非是对行业与理论的研究。一方面介绍在谈判与服务客户的过程中，提供人力资源行业服务的销售人员与客服人员需要注意的事项以及操作方法；另一方面也从业务需求方的角度，明确企业在合作相关服务的过程中，需要关注的问题以及需要规避的风险，力求在双方的合作中找寻平衡点，达到合作共赢的目的。

在结构上本书分为六个部分，其中前五部分是对灵活用工不同的业务形态进行详细的介绍与说明，第六部分为业务实操部分，着重介绍相关业务中常见的操作方法。此外，本书也借鉴了部分文献内的内容，但不是照搬全抄，对于文献内的部分内容，个人结合了自身的理解，进行了相关的解释与补充。

本书适合从事人力资源服务行业的销售人员、客服人员以及企业人力资源部门的相关工作人员阅读。希望此书可以解决相关人员在工作过程中的疑问，给各位一些帮助。

王汉林

2020 年 10 月

前　言

　　近几年，随着我国社会的不断变革，经济的不断发展，人们的就业方式在不断改变。随着"90后"与"00后"就业群体大量涌入劳动力市场，以及在新经济形势与社会环境下，出现的新工作岗位与需求，我们固有的就业市场与劳动力市场面临着巨大的冲击。

　　现今，如外卖员、送餐员、网络主播等工作时间灵活、自由的职业，大量出现在劳动力市场上，受到许多就业人群的青睐。很多人不愿再接受传统的、被束缚的、被管制的工作，而是更加倾向工作时间自由、自主性强的职业。人们就业的观念更加的开放。

　　此外，在2018年，国务院下发了《关于推动创新创业高质量发展打造"双创"升级版的意见》，从国家层面支持并鼓励创业与创新，大力发展民间经济，使得大批有理想、有抱负的人投入到了创业的浪潮中，促进了人们就业方式的多样化。"灵活用工"的概念就是在这个背景下诞生的。

　　"灵活用工"这几年在人力资源服务机构与劳动力市场上被炒得很火，一方面是由于市场端的需求比较旺盛，另一方面也是相关政策导向使然。此外，随着市场上以薪税优化为实操内核的一批平台的兴起，"灵活用工"更加受到社会与企业的关注。

　　其实"灵活用工"从广义上看，不是一个新的概念，它里面包含的业务与岗位类型也有很多，例如兼职、学生工、寒暑假的短期工等都属于"灵活用工"的范畴。此外，"灵活用工"这个概念，严格来说并不是一个法律意义上的概念，在我国《劳动法》、

《劳动合同法》以及其他相关法律法规中，并没有"灵活用工"这个概念，也没有对"灵活用工"进行相应的定义，可以说"灵活用工"在定义上还不是特别的清晰。

通过对现今各专家学者以及各大人力资源服务机构对于"灵活用工"概念的理解与认知的梳理，并结合笔者多年的工作经验，笔者认为要搞清楚"灵活用工"的概念，首先要明确操作"灵活用工"的对象是谁？其实从字面上我们就能发现，"灵活用工"最终是落在企业如何"用工"上，既然是"用工"那么就说明它的操作对象是企业方或实际用工方。企业方或实际用工方结合自身的情况，灵活地使用人力资源，达到其满足用工的目的。

结合上述分析，笔者认为"灵活用工"的定义应该为：用工企业结合自身的情况与要求，通过合理合法的方式，灵活地使用、调配、开发企业内部或外部的人力资源，以达到满足企业阶段性用工需求、降低企业用工成本、提升企业人效的一种用工方式。可以说"灵活用工"的本质是"用工"，操作方式上表现为"灵活"。通过对目前一些"灵活用工"操作方式的归类与汇总，可以将其归纳为如下4种表现方式：

1. 通过劳务派遣的方式，灵活地解决劳动关系与使用员工。

2. 通过将用工形式转换为业务形态的方式，灵活地处理用工服务。

3. 通过非全日制用工与全日制用工在相关用工规定上的差异，灵活地安排工作内容与工作时间。

4. 通过将在劳动合同关系下的雇佣关系转换为在经营关系下的合作关系，并辅以平台的资源搭建，灵活地将人力资源的效用放大，达到提升企业效益的目的。

接下来，笔者就结合相关的表现方式，对"灵活用工"进行详细的阐述。

目　录

第一部分：劳务派遣篇...1

一、什么是劳务派遣...1

二、劳务派遣的特征...2

　　1.用工单位、派遣员工、劳务派遣单位三者的关系.................2

　　2.劳务派遣适用的岗位.......................................4

三、劳务派遣的类型..11

　　1.含招聘的长期劳务派遣业务................................13

　　2.不含招聘的长期劳务派遣业务..............................24

　　3.含招聘的临时性劳务派遣业务..............................29

　　4.不含招聘的临时性劳务派遣业务............................33

四、劳务派遣业务报价规则......................................34

五、劳务派遣业务中遇到的相关问题..............................36

　　1.在劳务派遣业务中应如何认定纠纷当事人的诉讼资格............36

　　2.派遣员工发生退回或撤回情况，劳务派遣单位应如何操作 37

　　3.关于"同工同酬"在劳务派遣中的正确理解....................39

　　4.在未经用工单位同意的情况下，劳务派遣员工能否单方解除
　　　　劳动合同..40

　　5.派遣员工给用工单位造成损失的，劳务派遣单位是否应承担
　　　　连带责任..41

　　6.用工单位是否可以通过自设或合伙设立劳务派遣单位的方
　　　　式，向本单位派遣劳动者................................41

　　7.劳务派遣单位与用工单位约定，由劳务派遣单位给派遣员工

缴纳社保并承担由于未缴纳社保所带来的一切后果，此种情况用工单位是否存在风险 42

8.劳务派遣业务中用工单位能否与派遣员工约定试用期 43

第二部分：劳务外包篇 47

一、认知劳务外包 47

1.市场上外包业务的种类 48

2.业务外包的重新定义 50

二、劳务外包与劳务派遣的异同点 67

1.相同点 68

2.不同点 68

第三部分：非全日制用工篇 71

一、非全日制用工的特征 71

二、企业在非全日制用工操作过程中的注意事项 72

三、非全日制用工与劳务用工的区别 75

四、非全日制用工在实际中的应用 76

第四部分：平台型用工篇 79

一、操作背景 79

1.国家政策依托 79

2.企业经营压力 79

3.员工认知改变 80

二、实操方式 80

1.业务再造 80

2.身份转换 80

3.平台闭环 80

三、平台操作的优势 81

1.工作灵活、选择自由 81

　　2.操作简易、手续简单..............................82

　　3.成本节约、合法操作..............................82

四、平台操作的注意事项..............................83

　　1.合同合规性....................................83

　　2.平台合规性....................................83

　　3.财务安全性....................................84

　　4.法律安全性....................................85

第五部分：灵活用工与灵活就业篇..............87

一、灵活就业......................................87

　　1.灵活就业的定义................................87

　　2.灵活就业人员的社会保险..........................89

二、灵活用工与灵活就业的区别........................89

三、企业与员工在灵活用工与灵活就业背景下的新思维与新探索.90

　　1.企业方的努力方向与改善思路......................90

　　2.员工方的努力方向与改善思路......................91

第六部分：业务操作篇......................101

一、社会保险....................................101

　　1.社保操作过程中的注意事项........................102

　　2.医疗保险操作过程中的注意事项....................111

　　3.工伤认定与费用报销过程中的注意事项..............114

　　4.生育医疗费报销和生育津贴申领过程中的注意事项......117

　　5.失业保险金领取过程中的注意事项..................119

　　6.退休手续办理过程中的注意事项....................122

二、住房公积金..................................124

　　1.单位如何建立住房公积金制度......................124

　　2.劳务派遣单位如何为派遣员工办理公积金缴存登记......125

　　3.如何设置和修改单位卡密码........................125

4. 哪些情况下应办理单位信息变更登记...............126

5. 单位信息变更所需资料...............................126

6. 哪些情况下应办理单位注销登记...................127

7. 单位办理销户时员工账户如何处理...............128

8. 新职工如何开立住房公积金账户...................128

9. 单位如何为职工缴存住房公积金...................129

10. 单位为部分或个别职工补缴住房公积金应如何办理...130

11. 单位与职工解除劳动关系应如何办理住房公积金停缴手续..130

12. 公积金网上业务办理范围有哪些...................131

13. 公积金缴存比例与基数.............................131

三、个人所得税...132

1. 新个税修正案要点..................................132

2. 个人所得税征收范围说明.........................133

3. 个人所得税扣除项目...............................135

4. 个人所得税计算方式...............................145

四、其他项目..156

1. 残保金...156

2. 工会经费..159

3. 职工教育经费..160

4. 企业职工福利费.....................................162

参考文献..167

附录一：《中华人民共和国劳动合同法》.............171

附录二：《中华人民共和国社会保险法》..............193

附录三：2020 年住房公积金管理条例..................213

附录四：《中华人民共和国个人所得税法》............223

附录五：《个人所得税专项附加扣除暂行办法》.......231

附录六：国务院办公厅关于支持多渠道灵活就业的意见...237

后　记..243

第一部分：劳务派遣篇

劳务派遣对于广大企业来说，其实并不陌生，我国劳务派遣兴起于改革开放的初期，伴随着国有企业的改制、非公有经济的发展以及劳动力市场的逐步开放，很多企业出于成本与用工风险的考虑都选择了此项业务，来达到满足企业用工需求的目的。虽然劳务派遣在我国已经发展了很长的一段时间，并且很多企业或多或少都接触过。但从实际情况来看，很多企业以及人员对于劳务派遣的理解与操作还停留在较低的水平，所以正确地认知劳务派遣尤为重要，因为它是了解"灵活用工"的前提。

一、什么是劳务派遣

劳务派遣[①]是指由劳务派遣机构与派遣员工订立劳动合同，把劳动者派向其他用工单位，再由用工单位向派遣机构支付服务费用的一种用工形式。又称人力派遣、人才租赁、劳动派遣、劳动力租赁、雇员租赁。从劳务派遣的定义可以看出，劳务派遣属于企业内的一种用工方式，它是企业为了解决自身用工问题的一种灵活的应对方法。

劳务派遣这种用工形式，起源于美国，发展于欧洲、日本，在中国兴起于 20 世纪 90 年代。起初在中国，相关的人力资源服务机构主要服务于外商投资企业，服务的目的是为外商投资企业中的外籍人员解决在我国合法用工的相关问题。但随着我国改革

[①] https://baike.baidu.com/item/劳务派遣/305258?fr=aladdin

开放的持续深入以及国有企业改革的逐步推进，导致企业用工的需求与方式不断变化，尤其是 2008 年《劳动合同法》实施后，对劳务派遣的操作进行了规范与说明，使得劳务派遣这种用工形式逐渐被广大企业所接受。

在劳务派遣的实操过程中，由于劳务派遣的提供方与使用方在法律法规以及相关制度的理解上存在一些偏差，从而引发了很多的问题。所以如何正确理解与合规操作劳务派遣是摆在很多从业人员面前的一个棘手问题。

二、劳务派遣的特征

在劳务派遣的这种用工形式中涉及到三个主体，分别为用工单位、劳务派遣单位、派遣员工，三者缺一不可。由于很多从业人员对三者之间的关系以及相应的权责分辨不清，从而导致在实操过程中出现了一系列的问题与矛盾，所以要想搞懂劳务派遣，先要理清这三者之间的关系与权责。

1.用工单位、派遣员工、劳务派遣单位三者的关系

劳务派遣的核心是一种用工形式，用工从传统的角度来看，有两个方面的要素：一方面是雇主也就是用工单位，另一方面是雇员也就是劳动者。雇主与雇员的关系就如商业买卖中双方的关系一样，雇主出钱购买雇员的劳动，雇员为雇主提供劳动从而获得报酬。而在劳务派遣的业务中，劳务派遣单位处于什么样的角色与地位呢？与传统的雇主与雇员的关系相比又有着什么样的不同呢？要搞清楚这些问题，要先从《劳动合同法》对劳务派遣单位、用工单位及劳动者的权利义务以及对劳务派遣协议的相关规定说起。

《劳动合同法》第五十八条—劳务派遣单位、用工单位及劳动者的权利义务

　　劳务派遣单位是本法所称用人单位，应当履行用人单位对劳动者的义务。劳务派遣单位与被派遣劳动者订立的劳动合同，除应当载明本法第十七条规定的事项外，还应当载明被派遣劳动者的用工单位以及派遣期限、工作岗位等情况。劳务派遣单位应当与被派遣劳动者订立二年以上的固定期限劳动合同，按月支付劳动报酬；被派遣劳动者在无工作期间，劳务派遣单位应当按照所在地人民政府规定的最低工资标准，向其按月支付报酬。

《劳动合同法》第五十九条—劳务派遣协议

　　劳务派遣单位派遣劳动者应当与接受以劳务派遣形式用工的单位（以下称用工单位）订立劳务派遣协议。劳务派遣协议应当约定派遣岗位和人员数量、派遣期限、劳动报酬和社会保险费的数额与支付方式以及违反协议的责任。用工单位应当根据工作岗位的实际需要与劳务派遣单位确定派遣期限，不得将连续用工期限分割订立数个短期劳务派遣协议。

　　根据《劳动合同法》第五十八、第五十九条的规定，经过分析后可得出如下三点结论：

　　①由于劳务派遣单位履行对劳动者的义务与劳动者签订劳动合同，这就表明劳务派遣单位与劳动者之间在法律关系上是劳动关系。

　　②劳务派遣单位应当与接受劳务派遣形式用工的单位订立劳务派遣协议，这表明从业务的本质上，双方是商业合作关系。

③劳动者与接受劳务派遣形式用工的单位形成实际的用工关系，虽然接受劳务派遣形式用工的单位在法律上跟员工无劳动合同关系，但却是实际的用工方，享受员工通过劳动活动获得的实际工作成果。

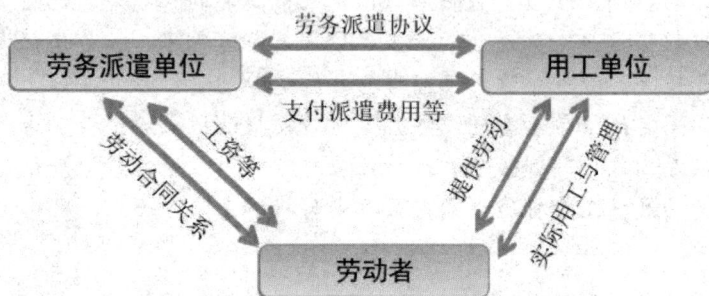

图1-1 劳务派遣单位、用工单位、劳动者（派遣员工）三者之间关系图

由此可以得出，在劳务派遣的业务中三者之间的关系分别为：

★劳务派遣单位与实际用工单位之间是商业合同关系
★劳务派遣单位与派遣员工之间是劳动关系
★用工单位与派遣员工是用工与被用工的关系

2.劳务派遣适用的岗位

在明确了劳务派遣单位、用工单位以及派遣员工三者之间的关系后，要思考一个问题，就是在用工单位中哪些岗位适合采用劳务派遣的用工形式呢？这些岗位在操作过程中需要注意些什么呢？要搞清这些问题，还是要回到《劳动合同法》中，找寻相关的答案。

《劳动合同法》第六十六条—劳务派遣的适用岗位

劳动合同用工是我国的企业基本用工形式。劳务派遣用工是补充形式，只能在临时性、辅助性或者替代性的工作岗位上实施。前款规定的临时性工作岗位是指存续时间不超过六个月的岗位；辅助性工作岗位是指为主营业务岗位提供服务的非主营业务岗位；替代性工作岗位是指用工单位的劳动者因脱产学习、休假等原因无法工作的一定期间内，可以由其他劳动者替代工作的岗位。用工单位应当严格控制劳务派遣用工数量，不得超过其用工总量的一定比例，具体比例由国务院劳动行政部门规定。

从《劳动合同法》中对劳务派遣适用岗位的规定来看，可以得出如下结论：

①劳务派遣的岗位应为临时性、辅助性、可替代性的岗位。

②临时性岗位的工作续存时期不超过 6 个月，辅助性岗位为公司的非主营业务岗位。

③用工企业中劳务派遣员工的数量受一定比例的限制。

虽然《劳动合同法》对劳务派遣的岗位进行了明确的规定，但在实操过程中，排除立法本身存在的一些模糊性，依旧发现许多企业的人力资源从业人员与劳务派遣单位对于什么样的岗位适合劳务派遣业务，存在模糊的认知。下面笔者结合《劳动合同法》中的规定以及相关操作经验对于适用劳务派遣的岗位进行阐述与说明：

（1）岗位特性

◆临时性

从字面上理解就是临时的工作，岗位续存时间不长，法律规定了不得超过 6 个月。此类岗位多以操作工或者基础性岗位为主，用工单位完成阶段性工作与生产任务后，则不再使用相关人员。

◆辅助性

辅助性的岗位，为用工单位的非核心业务岗位，此类岗位多以技术含量不高、操作简单、易于上手的岗位为主，例如企业内部的保安、保洁人员，餐饮零售行业的收银员、店员，加工制造企业中从事流水作业的作业人员。

◆可替代性

《劳动合同法》对可替代性岗位进行了明确的规定，专指用工单位的劳动者因脱产学习、休假等原因无法工作的一定期间内，可以由其他劳动者替代工作的岗位。例如某公司的行政前台人员怀孕休产假，预计半年内回归工作，此时需要找一个人员进行顶岗以完成其工作，但公司又不希望增加人员编制，故此岗位采用劳务派遣的用工形式，由派遣员工进行工作，待正式员工产假结束之后再进行岗位人员的替换。

（2）工作续存时间

规定了临时性工作不超过六个月，企业中劳务派遣岗位的续存时间不得过长，岗位的设置需要符合《劳动合同法》中对于岗位工作续存时间的规定。

（3）数量比例

用工单位应当严格遵守关于劳务派遣员工数量的规定，不得超过其用工总量的一定比例。2014 年国家对于这个比例进行了明确的规定，即用工单位使用劳务派遣员工的数量不得超过企业用工总量的 10%。10%这个比例是用工单位使用劳务派遣员工数量的一条红线。

以上对劳务派遣的岗位特性、工作续存时间、数量比例的阐述是基于《劳动合同法》中的相关规定而进行的解释与说明。但在实操过程中，由于相关从业人员对法律法规理解的不同，导致其未必能完全遵照法律法规的规定进行相关的操作。

现今在劳务派遣业务中，针对岗位的实操存在以下三个方面的问题：

①对岗位特性的理解千差万别，临时性的岗位不临时、辅助性的岗位不辅助、可替代性的岗位逐渐不可替代。

②工作续存时间不断被突破，临时性岗位的工作时长早已突破六个月，用工单位同一派遣岗位上的派遣员工长时间在岗。

③10%红线比例的规定荡然无存，虽然明确规定了 10%的派遣员工比例，但是劳务派遣单位与用工单位不断突破这个比例，加之缺乏一定的监管，导致许多使用派遣用工的企业，派遣员工的比例居高不下。

综上，不难看出虽然我国对企业可以采用派遣的岗位进行了规范，但是由于立法本身存在一些模糊性，加之监督管理力度的不足以及用工单位自身经营的困难，导致了派遣岗位在实操过程中与立法的初衷存在了不小的偏差。

那么应该如何看待这样的偏差呢？劳务派遣单位与实际用工单位应该如何正确操作或者如何在法律法规与实操过程中找寻到平衡点呢？下面笔者结合多年的操作经验以及用工单位实际派遣岗位的情况来进行相应的说明。

首先，劳务派遣的岗位主要分布在如下的几个行业中：

★生产与加工制造业—工厂流水线作业员

此类岗位通俗讲就是操作工,多存在于加工密集型企业以及用工需求量大的生产制造型企业。

★交通运输与物流业—仓储物流作业员

此类岗位以物流行业的基础岗位为主,涉及仓储物流行业各个环节的基础岗位,例如装卸、运输、包装等岗位。

★商超零售与餐饮业—商超零售员、餐饮服务员

此类岗位多存在于社会服务业当中,大型超市的理货员、售货员、导购员以及餐饮行业的餐厅服务员、传菜员、后厨的帮厨等岗位多采取劳务派遣的用工形式。

★物业与环保业—物业工作人员

物业公司的基础岗位例如保安、保洁、客服人员多采用劳动派遣的用工形式,特别是地产开发商下设物业公司的基础岗位,劳务派遣用工是其主要的用工形式。

★互联网与咨询业—电话客服、话务员咨询

基础的客服人员、话务咨询人员由于工作重复性高,一般不会涉及到用工单位的核心业务,用工单位普遍采用劳务派遣的用工形式,例如各地 114 话务咨询人员、互联网电商行业的客服人员等。

★银行与金融业—银行相关工作人员

银行的派遣岗位多以银行网点的柜员以及银行大堂的服务人员为主,此类人员从事的工作与银行正式员工无太大差别,但由于受银行员工的编制所限,所以过渡性地采用派遣用工的方式以解决岗位人手不足的问题。

★政府与企事业单位—政府、机关、事业单位临聘人员以及相关部门提供的公益性岗位

国家政府、机关、事业单位为了机构的正常运转，将一些岗位以派遣用工的形式进行操作来满足用工需求。

上文对可以采用劳务派遣用工的岗位进行了梳理，这些岗位都是目前劳动力市场上采用劳务派遣用工方式比较活跃的岗位，参照《劳动合同法》中对派遣岗位"三性"的规范，就会产生相应的疑问，这些岗位真的是临时的吗？工作岗位是辅助性岗位吗？随着工作的深入某些岗位难道能轻易替代？

如果按照《劳动合同法》对派遣岗位的规定来严格要求与管理的话，目前市场上90%以上采用劳务派遣用工的企业都很难说合规合法。仅临时性中规定的不得超过6个月的工作续存期，就把很多岗位给屏蔽掉了，很多用工单位的岗位，常年采用派遣的用工方式。有的员工以派遣员工的身份长时间在用工单位工作，工作续存期早已经突破了6个月。那么应该如何理解这样的突破？在操作中又应该注意什么呢？下面笔者结合实操的经验对这些疑问进行相应的解释与说明。

其实《劳动合同法》规定岗位"三性"的初衷是为了保障劳动者的合法权益，规范劳务派遣单位与用工单位的行为，也可以在发生劳动仲裁的时候，有一个判决的统一尺度。但是由于在立法过程中，仅仅对"三性"进行了说明与解释，而在"三性"的量化上缺乏具体的明确，对突破这"三性"后带来的后果，又缺乏明确的处罚规定，从而导致市场上对于"三性"操作的不规范。

对于"三性"操作不规范的现象笔者个人理解如下：

◆突破是必然的

我国目前依旧处在发展中国家的行列，在用工制度、福利制度、员工工资水平等方面的保障上还不能跟西方发达国家相提并论，企业从自身的用工成本以及实际经营情况上考虑，必然会选择最有利于企业的用工方式。

◆法律制度与政策监管方面要人性化

制定有效的法律对行业进行监管，是有利于行业发展的，但是法律的制定需要经过充分的论证与调研，目前我国稳定民生的关键依旧在于就业、饮食、住房、医疗等核心领域，政府监管部门在法律的大框架下，适当地突破管理监督的底线是可以，这也体现了我国政府"执政为民"的核心办事理念。

◆把握好操作的"度"，切记过于突破底线

很多企业由于在操作过程中对"度"的把握没有管控好，导致被相关部门稽查，其实是比较遗憾的。不能说没人监管就自己不监管，没人监督就自己不监督，劳务派遣单位与用工单位要阶段性地自我评估与自我管控，了解自身的实际情况。

综上，劳务派遣单位与用工单位如果要灵活、合规、合法地操作劳务派遣业务中的岗位，则需要做到如下几点：

①分析企业自身的实际情况。

◇明确用工单位实际的雇员总量，按照国家规定的10%派遣员工比例，计算出派遣员工的数量，在这个数量上可以灵活地浮动。

◇参考用工单位自身盈利以及经营状况，一般来说用工单位采用劳务派遣用工的方式后，用工单位在人力的成本方面会有所上升，这个成本的提升是否会给用工单位带来负担？

◇岗位的梳理，梳理出符合要求的岗位，可以通过业务重组以及岗位合并，增加岗位与岗位之间的模糊程度，从而达到符合"三性"要求的目的。

②参照同行的操作方法

◇劳务派遣单位需多跟同行公司交流，了解同行公司的操作

方式，结合同行公司的经验来完善自身操作，用工单位则需多与已经采用劳务派遣用工方式的同行企业进行交流与沟通，多学习其合作经验。

③与政府部门、行业协会多交流

◇以学习的态度多参加行业协会组织的各项活动，及时了解政府主管部门出台的最新政策，多与行业协会交流、沟通。

通过对劳务派遣的特性以及适用岗位的介绍，相信各位读者对劳务派遣业务有了一定的了解，但距离熟练掌握与操作好劳务派遣业务还为时尚早，要想充分掌握劳务派遣业务的操作，还需要对劳务派遣业务的类型有充分的了解，接下来笔者对目前市场上较为常见的劳务派遣业务的类型进行详细的介绍与讲解。

三、劳务派遣的类型

目前市场上劳务派遣业务的类型可以按照项目操作方式与业务续存期分别进行划分：

◆按照项目操作方式划分

此操作方式的核心就是，是否需要招聘。如果需要招聘就是含招聘的劳务派遣业务，劳务派遣单位负责招聘符合用工单位要求的人员与新招聘的人员签订劳动合同，并且安排其到用工单位进行工作；如果不需要招聘则为转移类的劳务派遣业务，用工单位将自有的部分员工与原有的派遣员工直接转签到新的劳务派遣单位或将自身招聘的员工以派遣员工的身份签约到新的劳务派遣单位的方式。

◆按照业务续存期进行划分

按照业务续存期进行划分，劳务派遣业务的类型分为：长期劳务派遣业务与临时性劳务派遣业务。长期劳务派遣业务的业务续存时间较长，一般业务续存期为一年或一年以上；临时性劳务派遣业务的业务续存时间相对较短，一般业务续存期为一个月到三个月之间，最长不超过六个月。

将两种划分方式进行交叉组合则构成了目前市场上较为常见的劳务派遣业务类型，即可以组合为：

★<u>含招聘的长期劳务派遣业务</u>
★<u>不含招聘的长期劳务派遣业务</u>
★<u>含招聘的临时性劳务派遣业务</u>
★<u>不含招聘的临时性劳务派遣业务</u>

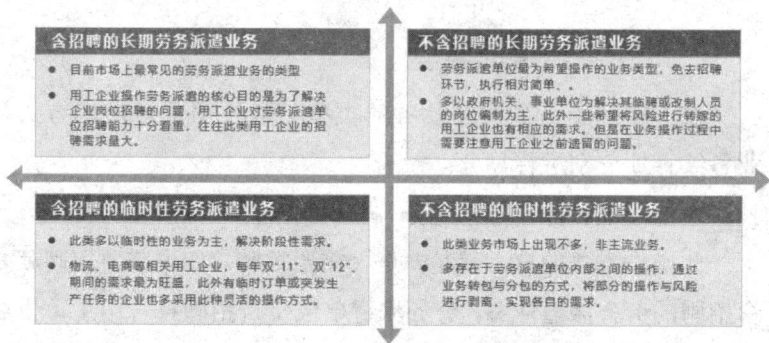

图1-2 四种劳务派遣业务类型分析图

这四种业务类型是按照目前市场上用工单位的业务属性以及业务需求进行划分的，很多有劳务派遣业务需求的用工单位其实对这些都不太陌生，但是在实操过程中，往往操作效果不尽如人意，下面笔者以案例的方式并结合个人操作的经验对这四种业务类型进行逐一的分析与说明。

1.含招聘的长期劳务派遣业务

案例：

> 　　某大型生产制造型企业，主要生产手机液晶显示屏，企业的订单充足，常年生产处于满负荷状态，企业常年需要大量的作业人员来满足生产的需求，但是受企业员工编制的数量以及企业人力成本等相关因素的制约，企业对部分作业员岗位采取劳务派遣的用工方式进行操作，以便解决企业的用工需求，从而达到保证生产的目的。

思考：

　　·如果你是该企业人力资源部门的负责人，应如何选择合作的劳务派遣单位，此外在合作过程中应注意哪些方面？

　　·如果你是劳务派遣单位的项目经理，在服务的过程中应如何有效地操作该业务？

分析：

　　此案例中企业的核心诉求其实就是招聘，企业方通过与劳务派遣单位的合作，达到快速解决用工需求的目的，劳务派遣单位操作好业务的核心是：是否具备很强的招聘能力。

实操：

<u>用工单位注意事项</u>

　　①用工单位需要对劳务派遣单位的招聘能力与水平进行评估，评估的内容有：

　　★**<u>劳务派遣单位的规模、注册资金、相关资质、获奖情况等</u>**

主要是从外在实力上评估劳务派遣单位是否具有项目操作能力，用工单位尽量选择一些规模较大、服务范围广、资金充裕以及在市场上有一定口碑的劳务派遣单位进行合作。此外，从事劳务派遣的相关业务，需要有国家颁发的人力资源服务许可证、劳务派遣证等相关证件，如果没有则不能从事人力资源劳务派遣业务。

★劳务派遣单位专职从事项目操作的人员数量

主要是对劳务派遣单位的内部人员情况进行评估，评估其是否可以分配相应数量的人员进行项目的操作，往往项目成败的关键在于劳务派遣单位对于项目所投入人力的支持，越多的人执行项目，项目进展则越迅速。

★劳务派遣单位的资源储备与渠道分布情况

主要是从劳务派遣单位的资源端进行评估，评估其是否有一定的资源储备可以应对用工单位的批量需求。劳务派遣单位的资源储备往往是用工单位方在评估过程中最为关键的部分，决定项目的成败。

②用工单位需对劳务派遣单位的项目执行能力进行评估，评估的内容有：

★是否有完善的项目操作与执行的 sop 流程

劳务派遣单位应该按照项目操作的 sop 流程来开展工作，由专人负责并对各个环节进行监督与管控。此外劳务派遣单位的项目执行团队与用工单位的相关同事要充分地沟通，建立完善的对接流程。

项目规划	项目立项	项目执行与监控	项目验收

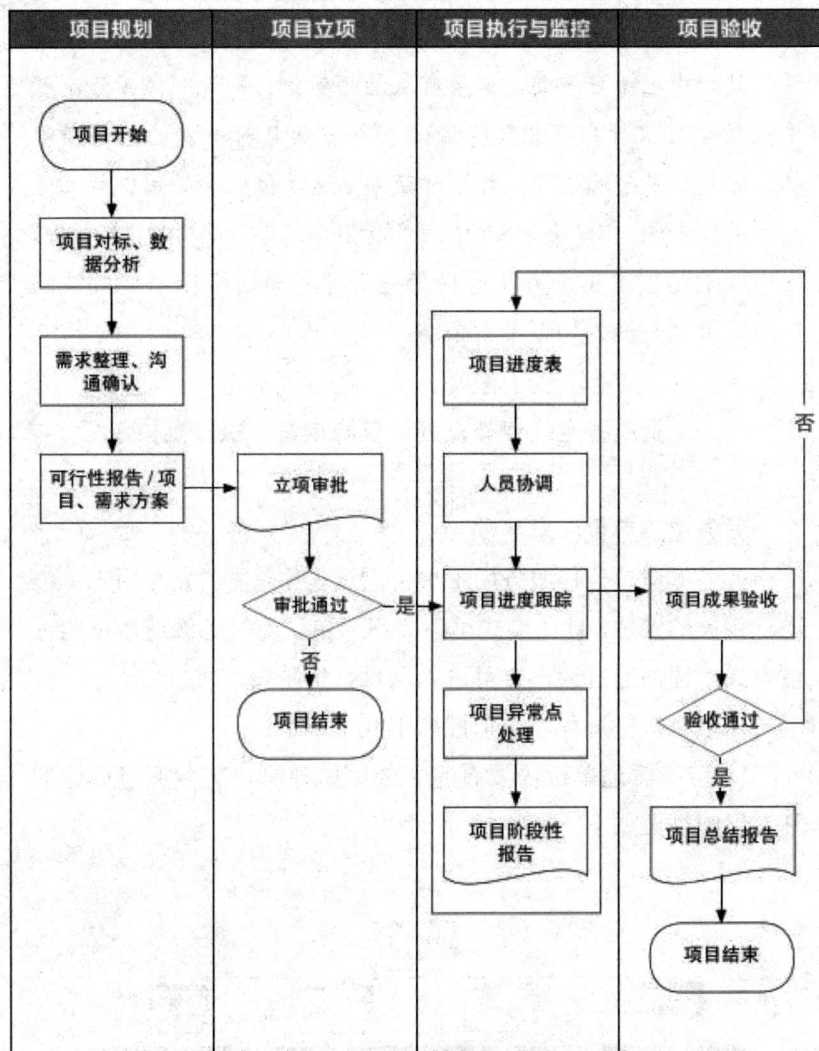

图 1-3 项目执行 sop 流程

★同类型用工单位的服务数量以及过往成功的案例

劳务派遣单位是否服务过与用工单位有相似需求的企业，在评估过程中也十分重要。如果有成功的案例，则说明该劳务派遣单位在项目执行以及相关资源储备等方面具有一定的优势与基础。此外如果条件允许，也可对劳务派遣单位服务的用工单位进行访问与拜访，以便更加全面地了解劳务派遣单位的项目执行情况。

以上是用工单位方在选择劳务派遣单位过程中需要关注的重点，可以归纳为如下十六个字：

> **资质齐全、信誉良好、资源丰富、执行到位**

劳务派遣单位注意事项

劳务派遣单位在服务用工单位的过程中，需要先对用工单位进行相关的评估，评估方式可参照用工单位对劳务派遣单位的评估方式，评估通过后，方可进入项目执行阶段。

在项目执行过程中需把握如下几个环节：

①劳务派遣单位需要有完善的团队建制，劳务派遣单位的基本组织框架如下：

图 1-4 劳务派遣单位基本组织框架

劳务派遣单位的基本组织框架主要有：招聘部、运营部、市场部、财务与法务部，各部门需要按照各自部门的工作流程，对业务进行操作。

◆**招聘部**

招聘部设立的主要目的是，为了对有相关招聘需求的企业进行招聘的支持，保证项目的正常开展。招聘部能否迅速地招聘到符合用工单位需求的人员，现今已经是劳务派遣单位能否生存下来的核心能力。

招聘部一般情况下可以下设网络招聘部与渠道招聘部：

◇**网络招聘部：**

主要是通过在各大互联网招聘平台上发布相关招聘信息，收集相关投递的简历，进行简历的筛选与前期沟通工作。

目前常用的一些互联网招聘平台有智联招聘、前程无忧、58同城、boss 直聘、猎聘网等，还有一些各地方性的招聘网站也可以发布相关的招聘信息，但是在发布相关招聘信息的过程中，需要关注平台对于劳务派遣单位发布相关招聘信息的限制，尽量符合各平台对于发布岗位的要求，避免由于违规发布而导致岗位被平台下线。

此外，随着移动互联网以及"网红经济"的发展，许多劳务派遣单位也在打造自身的招聘"大 V"，它们通过微信等社交媒体建立招聘矩阵群，通过"抖音"、"快手"等直播平台进行直播招聘，也达到了很好的招聘效果。

◇**渠道招聘部：**

渠道招聘部主要是与各资源方建立联系，由资源方按照相关的招聘要求给与输送人员，从而达到满足招聘的目的。

渠道部门主要对接的资源方有：学校、相关人力资源服务机构、中介代理以及其他有资源的机构。与相关资源方合作务必要保证如下几点：

√.信息的公开准确： 确保发布的招聘信息100%准确，避免由于信息传递不当而造成损失。

√.宁缺毋滥： 多方面评估资源方的情况，选择一些资质、水平、操守优良的资源方进行合作。

√.诚信为本、利润共享： 双方在合作过程中需要彼此真诚、合作共赢，在资源输出的及时性、准确性上彼此充分沟通与交流，在费用结算过程中要做到及时、准确、无误。

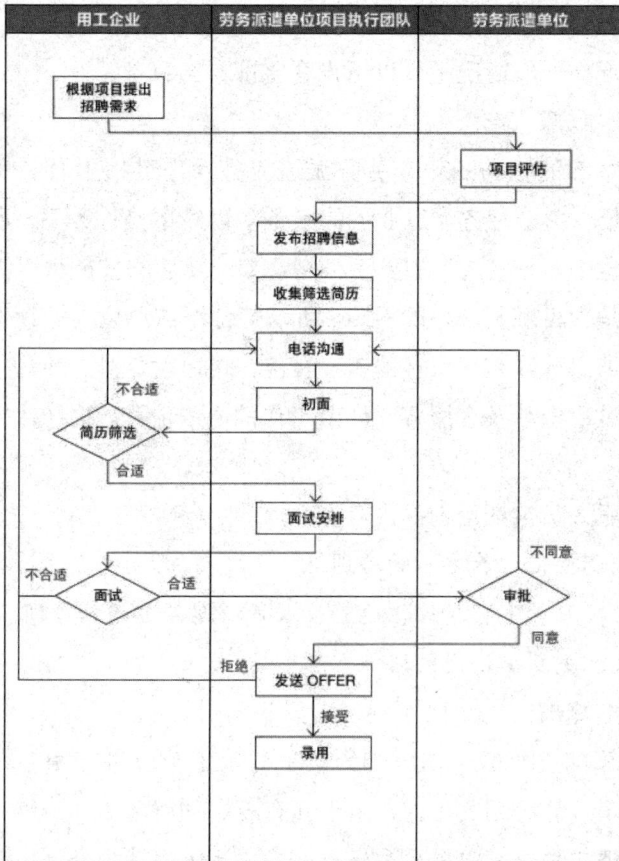

图 1-5 招聘部 sop 流程

◆运营部

运营部负责项目的总体实操与对接，运营部的工作人员核心工作主要有：

√.对接劳务派遣单位内部的相关平行部门，并进行资源调配与协调

√.把控项目的操作进度，对在项目操作过程中出现的问题及时解决

√.业务数据的汇总与分析，财务账目的核算与核对

运营部一般情况下可以下设客服部与结算部。

◇**客服部**

客服部的相关工作在劳务派遣业务操作过程中有着举足轻重的地位，由于劳务派遣业务的服务多以线下操作为主，所以在实操过程中对于"人"的要求很高，专业知识与技能水平高的客服人员是项目顺利操作的保障。所以劳务派遣单位要持续不断地通过培训提升其客服人员的专业技能，同时也要拟定并且完善项目操作过程中涉及客服各个环节工作的 sop 流程，这样才能体现专业性。

客服人员定期培训的内容有：

√.职业化素养方面的培训

√.项目管理、精细化运营、人员管理等方面的培训

√.相关法律法规的培训

◇**结算部**

结算部主要的工作内容为负责与用工单位进行相关账目处理、费用核算等相关工作，由于其有一定的财务工作属性，部分劳务派遣单位将其划分到财务部当中。笔者将其划分到运营部主要考虑到，在财务结算的过程中存在二次审核的情况，如果将其划分到财务部虽然可以达到简化工作流程与节省人力的作用，但是在结算过程中会缺少必要的审核与监督环节，会造成一定的人为隐患。此外，客服部也承担了一部分费用核算的工作，所以将结算部放到运营部门可以达到一定的内部审核与监督的作用。

在结算过程中需要重点关注如下几个方面：

√.当期新入职人数、当期在职人数、当期总人数

需要定期统计并更新各个项目的入职、离职、在职等相关数

据，确保数据的准确性。

√. 应收总费用、应支出总费用

根据相关人员的名单，统计出应收总费用，对应支出的费用特别是涉及派遣员工工资、社保、公积金等切身利益的部分，需更加认真仔细地核算。

√. 相关项目成本费用分摊、毛利润等

做好项目成本控制与费用分摊，以便可以大体计算出各个项目的人效与收益状况。

◆ **市场部**

市场部主要负责市场业务的开发与营销策划工作，市场部需要通过合理的资源配置与出色的营销策划工作为企业争取到优质的客户。

市场部一般情况下可以下设销售部与策划部。

◇ **销售部**

企业需要建立并培养自身的销售团队，自身销售团队的打造与凝练是每个企业都需要持续开展的。销售部的人员不仅需要很强的销售技能，还需具备一定的专业知识作为辅助，这样才能更好地开展业务。

对于相关销售技能与话术的培训，可以通过经验分享与实战演练等方式进行提升，但对于销售部门专业技能的提升则不是单纯靠了解企业产品知识就能够顺利解决的了，对劳务派遣单位来说，销售人员的培训除了销售技能的培训外，还有如下几个方面：

√. 招聘部门相关操作流程培训：需要熟悉项目招聘的流程与资源分布的范围。

√. 运营部门相关操作流程培训：了解客服方面的相关工作，熟悉客服工作各环节的 sop 流程，知晓结算的流程。

√.财务与法务部门相关操作流程培训：财务与法务部门的同事需要在法务知识的普及以及财务知识的讲解等方面给与持续的培训与讲解，此外也还需要对相关的风险进行前期的预警说明。需要讲解的一些财务知识与法律法规为：

法律法规方面：公司法、劳动法、劳动合同法、社保法、合同法等；

财务税务方面：会计学、税务法等。

销售部门的人员必须不断地学习相关的知识，才能在客户面前体现自身的专业度，从而获得客户的信任。

◇策划部

策划部主要负责企业的品牌宣传与产品研发等相关工作，需要通过不断的营销策划活动提升企业在客户心中的地位与重要程度，此外也需要了解市场上的最新动态，定期召集公司内部各部门的同事对公司的产品进行优化、升级、包装，研发出符合市场需求的新产品。

策划部的核心工作如下：

√.各相关机构的对接工作：诸如各地的人力资源协会以及政府部门的沟通。

√.同行业公司的交流：与各地的同行保持交流，吸取彼此经验。

√.媒体方面的对接：一些核心"大 v"的互动，保持良好的关系，定期进行联合品牌的推广。

√.新产品的研发、产品手册以及对外宣传资料的持续更新。

◆财务与法务部

财务与法务部是所有企业都需要设立的职能服务部门，由于劳务派遣单位的业务大多数是在相关法律法规以及财务制度的基础上衍生的，所以在劳务派遣单位中财务与法务部门的地位十分重要，此外财务与法务部门也可以将公司内部的人事行政工作一并进行操作。

财务与法务部一般情况下可以下设财务部与法务部。

◇财务部

√.与结算部门的同事对接好费用结算工作，确保费用结算的准确无误。

√.做好资金管控、财务风险预警等工作，保证公司的业务顺利开展。

√.合法合规的处理好企业内部相关税务工作，确保企业的利益。

◇法务部

√.规范公司内部相关的合同条款，符合国家法律规定，兼顾公平。

√.完善公司的各项规章制度，确保公司内部有法可依、有章可循。

√.对相关业务的风险有一定的预判性，出现问题后可以迅速、妥善地解决。

财务与法务部的相关同事也应该定期为企业内部的员工开展法律法规以及财税方面知识的培训，提升员工在财务与法务方面的能力。

以上是劳务派遣单位在服务用工单位以及自身建设过程中需要关注的重点，可以归纳为如下 16 个字：

资源为先、效率为王、注重细节、合法合规

此案例用了很大的篇幅来讲解用工单位在选择劳务派遣单位过程中的注意点以及劳务派遣单位在服务企业过程中需要注意的相关环节。从总体上看，类似矛与盾的较量，此类业务就是需要合作双方彼此不断监督、不断学习，才能将业务顺利并有效地进行与完成。

2.不含招聘的长期劳务派遣业务

案例：

> 某大型国有企业的下设管道工程公司，近几年由于业务量的增长，用工需求不断增加。但由于国有企业受岗位编制所限，导致新入职的人员不能与企业签订正式的劳动合同，需要与劳务派遣单位签订劳动合同，并进入企业工作。

思考：

•如果你是该用工单位人力资源部的负责人，应如何开展与劳务派遣单位的合作？

•如果你是劳务派遣单位的项目经理，在与用工单位的合作过程中应注意哪些方面的问题？

分析：

此案例中用工单位的核心诉求是找寻劳务派遣单位解决自身岗位编制不足与处理相关事务性工作的问题。用工单位会比较关注实际落地执行的细节，劳务派遣单位方面则会更加关注项目本身的稳定性与安全性。

实操：

用工单位注意事项

用工单位在与劳务派遣单位的合作过程中，用工单位除了要核心关注上文对于含招聘的长期劳务派遣业务操作过程的注意事项外，还需关注如下几个方面：

①劳务派遣单位是否有完善的服务流程

在与劳务派遣单位的沟通过程中，可让劳务派遣单位的项目经理对项目操作中的各环节逐一进行讲解，如若涉及项目招标与方案展示，则相关的评标参与人应当核心关注各个流程的严谨性与可行性。

②劳务派遣单位是否有完善的资金管控体系与系统

用工单位需对劳务派遣单位在资金管控方面的操作进行监督，相关资金需专款专用，切记劳务派遣单位挪用资金。如资金量较大，可采用共管账户或第三方监管的方式进行处理，确保资金的安全。

③劳务派遣单位是否有内部 ERP 线上操作系统

劳务派遣单位需要有线上系统来辅助项目的操作，人员的增减、费用的计算、相关报表的产出等都需线上化操作。避免出现表格"满天飞"的情况，确保用工单位信息的安全。

④劳务派遣单位是否有应对风险的预案

劳务派遣单位主要涉及的风险有：工伤风险、劳动仲裁风险、商务合同风险，用工单位与劳务派遣单位在合作之前，需要明确相关的权责、划分风险范围，并梳理好风险发生后的解决流程与方案。

⑤劳务派遣单位项目执行人员的水平是否到位

此类非招聘的转移项目，看似操作简单，实则有一定的难度，需要项目执行人员有很强的沟通与实操能力。所以在项目操作之前，用工单位应与项目执行人员进行沟通，评估其是否具备项目操作的经验。

归总此类业务，用工单位需要核心关注劳务派遣单位在操作细节上的完善程度，操作过程越是细致，则出现事故的概率越小。

劳务派遣单位注意事项

此类业务应定义为转移类派遣业务，该业务仅对员工的劳动关系进行承接，不需要进行大面积的人员补充。

针对此类业务的操作，劳务派遣单位需关注如下几个方面：

①内部各核心环节的操作流程是否完善

如社保、公积金、工资等相关操作的全套业务流程，以及在不同风险下解决问题的流程。

②员工劳动合同签约是否规范

★派遣员工劳动合同的起止时间要明确

此合同的时间，原则上应与劳务派遣单位跟用工单位签订合同中规定的合作时间吻合，但有的用工单位考虑自身安全性等因素，采取"一年一签"的合作方式。此时，如果劳务派遣单位也跟派遣员工签订一年期的劳动合同，则会违背《劳动合同法》中对于劳务派遣员工关于合同期限的规定，《劳动合同法》明确规定，劳务派遣单位与派遣员工应签订2年以上固定期的劳动合同。所以这就要求劳务派遣单位需要跟用工单位在谈判过程中进行沟通，力争延长合同的合作期限，此外也要求劳务派遣单位在市场开发过程中，多开发同类型的企业以备进行人员的分流，确保自身利益不受损失。

★派遣员工劳动合同的内容条款是否规范

劳务派遣单位与派遣员工签订的劳动合同，由于涉及劳务派遣单位所服务的用工单位，所以相关的内容条款需要与用工单位进行沟通，特别是在派遣员工的岗位、薪资报酬、员工安全等方面与用工单位进行沟通，一方面保障劳务派遣单位的自身的利益，另一方面也保障派遣员工的利益。

③项目执行过程中现场管控是否合理

★相关物资准备

在项目执行的过程中，劳务派遣单位需要提前准备好相应的物资，诸如笔、纸、订书器、胶水、修改液、别针、文件袋等文具，避免由于同一时间转签约的人员较多造成相应物资的短缺，给用工单位与派遣员工带来不好的服务体验。

★现场管理人员的工作分配

在项目执行的过程中，提前与用工单位做好员工签约流程的沟通，找好合适的场地，对接好时间，分批次、分部门地进行操作。此外在项目执行的过程中，应分配好相关人员的工作，具体分配的工作有：现场秩序管理、现场资料与物料管理、现场咨询等相关工作，确保服务在有序、高效的过程中进行。

④各结算时间节点的管控是否严格

由于各地政府对于社保、公积金的申报与缴费划款的时间节点不尽相同，所以在操作过程中，务必要管控好时间，尽可能提早核对人员名单与费用，确保相应的账户内资金充足，避免出现断缴与漏缴的情况。

⑤"特殊人群"是否关注

在项目执行的过程中，劳务派遣单位应关注用工单位内的"特殊人员"。对这些人员的处理，需要在业务接洽前就与用工单位进行沟通，双方共同商讨解决方案。切忌在执行过程中再沟通，造成不必要的矛盾。"特殊人员"主要有如下几类人员：

◇处于"三期"期间的女性员工

◇处于"仲裁期"期间的员工

◇处于"医疗期"期间的员工

◇个别"问题"员工

针对以上四类员工，劳务派遣单位在业务操作过程中，需跟用工单位进行充分沟通，调查具体的人数与比例，做到心中有数。其中前三类的员工可暂缓操作，待相应的"期间"过去之后，再进行统一操作。最后一类员工，建议用工单位提前单独沟通，讲明相关的政策与操作方式，以达到消除隔阂的目的。

⑥其他注意事项

★工龄延续问题

很多用工单位认为将员工转签出去后，员工与劳务派遣单位签订劳动合同，之前员工在企业的工龄就自动消失或者转移到第三方劳务派遣单位了，这样的理解是错误的。此种理解既不符合我国《劳动合同法》的立法宗旨，也不符合常理。

目前市场上针对工龄延续方面的操作方式主要有如下 3 种：

◇用工单位主动与员工断离劳动关系，进行相应的补偿后，再由劳务派遣单位承接员工的劳动合同，并重新计算工龄。

◇用工单位与劳务派遣单位在合同中约定相关的权责，出现问题后风险共担。

◇劳务派遣单位一次性找用工单位收取相关的服务费，由劳务派遣单位全盘承接风险。

各劳务派遣单位可根据自身的情况与用工单位进行沟通，视情况选择操作方式。

★付款与资金安全问题

由于用工单位是将工资、社保、公积金、服务费等费用一次性全部打款给劳务派遣单位，资金金额较大，且涉及派遣员工的利益，所以资金的安全性是用工单位特别关注的，所以在操作过程中，首先要沟通好彼此的财务结算流程，对接好双方财务的结算日、开票日、发薪日、回款日，规定好相关的时间节点，每个节点都由双方派专人负责，并及时共享信息。

如果资金数额特别大且双方均认为有必要进行监管，合作双方可以采取设立共管账户的方式进行资金的管控。

如出现用工单位需要劳务派遣单位资金垫付的情况，劳务派遣单位需要有相关垫付资金的管理办法，确保垫付出去的资金能够顺利回款，避免造成损失。此外，由于垫付的资金存在资金成本，如果劳务派遣单位为用工单位进行资金垫付，可向用工单位收取垫付资金的费用，一般情况下按照借款利率收取。

3.含招聘的临时性劳务派遣业务

案例：

> 某大型物流公司A，每年在双"11"期间都会承接大型电商平台的物流配送业务，所以在此期间A公司的用工需求量会激增，故A公司每年都会寻求相关的劳务派遣单位协助其解决问题。

思考：

· 如果你是A公司人力资源部门的负责人，应如何解决公司阶段性的用工激增问题？

· 如果你是劳务派遣单位的项目经理，应如何解决A公司的需求？

分析：

近几年随着各大互联网电商平台在诸如"618""双11""双12"等日期举办大型购物活动的兴起，消费者的需求被不断地激发出来，消费者在享受商家大力度打折促销的同时，也十分关注商家能否快速、准确地将商品送达。所以各大平台在相关的活动日都会联系物流快递公司协助其解决问题，物流快递公司根据平台预估的交易量来拟定需要增加的临时处理物流快件的工作人员。此类工作人员一般工作的续存时间较短，最长不超过3个月，活动结束后，随着业务量的减少，对相关人员的需求就消失了。

故相关物流公司或自建物流体系的互联网平台公司为了解决临时性的用工需求，多会与劳务派遣单位进行合作，由劳务派遣单位协助其解决招聘问题。

操作：

用工单位注意事项

用工单位对此类项目的核心关注点依旧为劳务派遣单位的招聘能力，劳务派遣单位招聘能力的评估方法在之前的案例中已经进行了详细的阐述，这里不再进行说明。

用工单位除了关注劳务派遣单位的招聘能力之外，还需关注如下几个方面：

①用工安全性问题

一般用工单位为了快速实现补充人力的目的，往往忽视了劳务派遣单位在用工安全性方面的问题，最终导致自身利益受到损害，此类业务涉及用工安全方面的问题有如下几点：

★员工劳动合同问题

由于此类业务派遣员工工作的续存时间短，加之员工的自我劳动保护意识不强，导致很多劳务派遣单位不与员工签订劳动合同，这就导致发生不签订劳动合同的劳动仲裁后，劳务派遣单位往往会推卸责任，使用工单位受到相应的经济损失。

★员工保险问题

很多劳务派遣单位为了节约成本，往往以员工工作时间短为理由，不给员工缴纳相关社会保险，并将已经从用工单位收取的相关保险费用据为己有，此种情况下一旦员工发生工伤事故，员工无保障而且用工单位也会承担连带的责任。

所以在用工安全性的问题上，用工单位应在如下两个方面对劳务派遣单位的操作进行规范：

◇备案与留存派遣员工签订的劳动合同，如果是口头约定的话，则需要了解与明确口头约定的内容。

◇用工单位在给劳务派遣单位支付了员工相关社会保险的前提下，有权知晓相关保险的缴纳情况，用工单位可以要求劳务派遣单位每月定期将相关保险缴纳的证明提交给用工单位，以证明劳务派遣单位确实进行了保险的缴纳。

②签约合同规范性问题

用工单位为了省事或节约时间，往往在合同签约过程中对于合同的条款没有详细的审查，导致合同签约不规范，在出现问题后，甲乙双方相互推诿，权责划分不清。

目前在合同签约规范性方面主要有如下几个问题：

★合同名称与所属服务不一致

合同名称为劳务派遣业务合同，但合同中的内容条款并不是传统意义上派遣业务应具备的条款，涉及外包业务的条款混杂在劳务派遣业务的条款中，由于劳务派遣与劳务外包分属两个不同的业务属性，受到的法律约束是不同的，所以此类合同条款极容易造成合同的纠纷。

★相关合同条款的法律依据不对

劳务派遣业务在设立商业合同的时候，部分内容条款需要参照《劳动合同法》中的相关规定。很多劳务派遣单位利用用工单位对相关法律条款在认知上存在概念模糊的这一弱点，在合同中设置有利于自身的条款。

所以用工单位在合同条款拟定以及合同签约的过程中，相关的经办人需要具备一定的法律知识，此外也需要跟公司法务部门的同事共同商讨合同条款，避免在合同签约过程中出现问题。

劳务派遣单位注意事项

用工单位对此类业务的核心关注点其实也是劳务派遣单位应该核心关注的。作为合作的双方，其实是需要在一定程度上保持一致的，规避相关的风险，也是对双方都有利的。此外对劳务派遣单位在操作此类临时性岗位需求的时候，除了要关注用工单位需要核心关注的内容之外，还需关注的有：

①业务本身在操作上的难易程度

此类业务均为时间紧、任务重的业务，劳务派遣单位是否有相关的资源储备与精力进行操作是值得劳务派遣单位思考的。

②业务合规性问题

目前很多类似的业务，都存在着双方对于项目理解的偏差，比如用工单位认为是短期人力供给的业务，但劳务派遣单位在操作过程中往往当作外包项目进行操作；又如用工单位需要的是"召之即来、挥之急去"的灵活操作，劳务派遣单位在操作过程中按长期员工方式进行操作，导致后期人员清理难，造成相应的损失。

所以劳务派遣单位在类似业务的合作与操作中，只有充分理解业务的本质与核心，才能操作好业务，实现收益。

4.不含招聘的临时性劳务派遣业务

案例：

> 某劳务派遣单位承接了 A 公司全国范围的临时性岗位派遣的业务，但该劳务派遣单位的业务范围不能全部覆盖 A 公司的业务范围，在一些地方没有相关资质，不能开展相关的业务。故需要将部分业务转包给其他有能力操作的劳务派遣单位进行操作。

思考：

· 如果你是 A 公司人力资源部门的负责人，在与劳务派遣单位合作的过程中，应该注意哪些方面？

· 如果你是劳务派遣单位的项目经理，在此类业务的操作过程中，应该注意哪些方面？

分析：

此类业务目前市场上较为少见，主要存在于分包或转包的业务中，发生在劳务派遣单位彼此之间的结算，并非是市场上的主流业务，目前此类业务的合规性有待商榷。

实操：

用工单位注意事项

由于在此类业务中给用工单位服务的劳务派遣单位为间接的劳务派遣单位，而往往用工单位又很难知晓其中的关系，所以在实操过程中用工单位需要注意如下几点：

①操作流程是否规范。

看下签约的劳务派遣单位与执行过程中的劳务派遣单位是

否为同一单位，如果不是，则存在转包的操作（同一公司下不同的资质来操作除外）。如果用工单位认可转包则要关注负责实操的劳务派遣单位在资质、信誉、操作等方面的能力。

②风险承担唯一性

核心把握"谁签订合同谁负责"的原则，避免出现由于第三方的介入导致责任不清的情况，确保责任主体的唯一性。

劳务派遣单位注意事项

此类业务一般存在多个劳务派遣单位共同操作的情况，其中一个为实际的与用工单位签约的签约方，其他的则为转包的承包方。这些劳务派遣单位为与用工单位签约的劳务派遣单位提供服务，对此类业务需要分两个方面来看。

①劳务派遣单位是与用工单位签约的真实服务方

对于此类的业务操作，要核心关注用工单位的需求，一般情况是劳务派遣单位会先一揽子全部先拿下业务，再针对不能操作的或者暂时无法操作的部分进行转包处理。

②劳务派遣单位为转包方的

一般情况下，发包的劳务派遣单位，多为部分区域资质不齐全、业务覆盖范围不广泛的劳务派遣单位。所以针对此类业务的转包，劳务派遣单位在确保自己合规操作的前提下，还需要参考各地对于同等业务的报价，在报价合理的情况下方可承接并操作。此外还需与发包的劳务派遣单位明确责任与风险，确保自身的利益不受损害。

四、劳务派遣业务报价规则

通过前文的相关介绍可以看出，劳务派遣业务更多是由劳务派遣单位协助用工单位处理其相关事务性工作的业务与操作，所以劳务派遣单位的服务范围与用工单位在日常工作中的正常工作任务是存在一定相似性的。

下表中所列项目为劳务派遣单位的相关服务内容，其中基础服务与用工单位人力资源部门从事员工关系与薪酬福利的同事，在日常工作中的工作内容类似。招聘服务与用工单位中人力资源部门从事招聘工作的同事，在日常工作中的工作内容类似。

服务内容		
基础服务	1	员工劳动关系转移及劳动合同的签订
	2	员工劳动档案的建立及管理
	3	员工工资发放
	4	员工社会保险的缴纳
	5	员工社会保险的享受及办理
	6	员工工伤、医疗保险风险转移
	7	员工住房公积金缴纳及提取
	8	员工的劳动争议处理
	9	员工宿舍提供及管理
	10	员工满意度提升(绩效考核、评优评先、员工职业规划)
	11	员工关系维护(定期走访、交流会、疑难问题解答)
	12	员工社会职能管理(党、工、团)
	13	员工职业技能培训
	14	代办员工相关的证件
	15	办理员工商业保险手续
	16	人事法律、法规、政策咨询
	17	保险法律、法规、政策咨询
招聘服务	1	根据客户需要利用本派遣公司的渠道为客户发布招聘信息
	2	简历筛选，提供候选人
	3	组织应聘者考试与初试
	4	安排应聘人员复试
	5	个性化推荐(中端人才)
	6	猎头服务(高端人才)

表1-1 劳务派遣单位服务项目

在报价过程中可对基础服务与招聘服务分别报价：

★基础服务报价

按照服务的人数，以单人单月的服务费进行报价（元/人/月），此外在报价过程中还需要结合服务所在城市的等级以及服务的总体人数统一进行考虑。一般来说服务人数越多，城市等级越低则相应的服务费用越低。

★招聘服务报价

招聘服务费的收取,一般会结合岗位招聘的难易程度、数量、区域、结算方式等相关因素进行考虑,采取一单一议的方式进行报价。

五、劳务派遣业务中遇到的相关问题

前文对劳务派遣业务进行了详细的讲解与说明,相信各位读者对劳务派遣业务有了一定的了解,为了让各位读者更加深入地了解劳务派遣业务,笔者结合自身的工作经验,总结出一些在操作劳务派遣业务过程中遇到的问题,并结合实际情况,给出一些解决问题的参考建议。

1.在劳务派遣业务中应如何认定纠纷当事人的诉讼资格

◆分析说明:

根据《劳动争议调解仲裁法》对劳务派遣争议当事人资格进行的特别规定[①],该项规定将用工单位纳入到了劳动仲裁当事人范围之内,劳务派遣单位和用工单位为共同的当事人,即在劳动仲裁程序中,劳务派遣单位和用工单位是共同的申诉人和被申诉人。

在劳务派遣业务中,由于用工单位、派遣员工、劳务派遣单位三者之间,两两分别存在不同的关系,使得用工单位的权利与义务必须依靠劳务派遣单位和用工单位共同来实现,所以劳务派遣单位和用工单位应为共同当事人。

---

① 《劳动争议调解仲裁法》第二十二条

◆实操建议：

因用工单位的原因给派遣员工造成损害的，劳务派遣单位与用工单位应共同承担赔偿责任。但由于劳务派遣单位给员工造成损害的，应该由劳务派遣单位承担主要责任。

2.派遣员工发生退回或撤回情况，劳务派遣单位应如何操作

◆分析说明：

用工单位将派遣员工退回的原因主要有如下几点：

◇派遣员工由于工作能力、工作态度、身体条件等原因不能达到用工企业的要求。

◇派遣员工有违反国家法律法规、违反用工企业相关工作条例的情况发生。

◇用工单位项目缩编、任务减少，企业经营出现困难，控制成本的支出。

◇与劳务派遣单位的合同到期后不续约的。

用工单位退回派遣员工时，劳务派遣单位除可依《劳动合同法》第三十九条规定辞退派遣员工外，其他情形下不得擅自解除与派遣员工的劳动合同。对于被退回的劳动者，劳务派遣单位则有义务承担并支付派遣员工待岗期间的工资。

劳务派遣单位撤回派遣员工的主要原因是：由于用工单位与劳务派遣单位在合作过程中，用工单位违反《劳动合同法》的相关规定以及派遣合作协议的内容，而带来的相关争议与摩擦。劳务派遣单位若受到损失，可向法院起诉用工单位。

◆实操建议：

劳务派遣单位与用工单位签订的商业合同十分关键，合同中需明确在不同情况下，派遣员工退回或撤回的解决办法与双方的权责。

◆**延展问题：**

用工单位因经济性裁员，将派遣员工退回，劳务派遣单位能否解除员工的劳动合同？

◆**分析说明：**

此种情况根据《劳动合同法》的相关规定，劳务派遣单位不得与派遣员工解除劳动合同，应继续履行完已经订立的劳动合同。此外派遣员工在无工作期间，劳务派遣单位应当按照所在地人民政府规定的最低工资标准，按月支付劳动报酬。

若劳务派遣单位不能将员工合理安排到其他企业，则可以通过协商与该员工解除劳动合同，该劳动合同的解除，需要得到员工的认可与同意。若劳务派遣单位此时单方面解除劳动合同，则属于非法解除劳动合同，劳务派遣单位应承担相应的法律责任。

◆**实操建议：**

劳务派遣单位为避免损失，要在与用工单位签订商业合同之前，就发生裁员后的相关处理进行沟通，目前较为常见的处理方式为：

◇劳务派遣单位承担裁员全部或部分费用，一般这种情况多为劳务派遣单位向用工单位收取了裁员的风险金，以确保在发生裁员的时候，可以从总体合作利润中划拨相应的费用进行赔付。

◇用工单位自行承担，劳务派遣单位与用工单位在合同条款中明确规定，发生裁员情况后，所产生的员工遣散费用由用工单位自行承担。

3.关于"同工同酬"在劳务派遣中的正确理解

◆分析说明：

同工同酬简而言之，就是干相同的工作，拿同等的报酬。在劳务派遣中，同工不同酬的现象普遍存在。对派遣员工来说，在相同的劳动下，获得的报酬却低于用工企业内部正式职工，这对派遣员工来说，是不公平的。所以国家在《劳动合同法》明确规定了派遣员工应享有同工同酬的权利。

不过由于部分派遣员工与用工单位的正式员工，在工作年限、个人能力、工作纯熟度等方面确实存在差异，要求绝对意义上的同工同酬也不太现实。

所以对劳务派遣单位与用工单位来说，派遣员工的同工同酬应该是相对的，而不是绝对的。

◆实操建议：

用工单位要主动告知派遣员工，其完成工作后的薪酬与福利状况。同时用工单位在派遣员工工作任务分配与工作时间安排上，不应有与正式员工区别对待的情况。并且用工单位要加强对派遣员工提升技能的培训，让派遣员工的技能尽快达到企业正式员工的水平。

对劳务派遣单位来说，一般情况下派遣员工的工资是由劳务派遣单位代为发放的，所以要确保派遣员工的工资及时发放并不得克扣。

4.在未经用工单位同意的情况下，劳务派遣员工能否单方解除劳动合同

◆**分析说明：**

《劳动合同法》第三十七条规定："劳动者提前三十日以书面形式通知用人单位，可以解除劳动合同。劳动者在试用期内提前三日通知用人单位，可以解除劳动合同。"由此可见，劳动者解除劳动关系应提前三十日以书面形式通知用人单位。

此条款是针对企业中签订正式劳动合同的员工，但在劳务派遣业务中，派遣员工由于是被劳务派遣单位指派到用工单位进行工作的，所以在辞职过程中会受到一定限制，有一定的特殊性。

◆**实操建议：**

劳务派遣单位在派遣员工入职前应进行相应的宣导，一般的辞职流程是派遣员工先告知劳务派遣单位的项目负责人，劳务派遣单位的项目负责人确认后，与用工单位沟通并告知相关情况。在征得用工单位同意后，方可同意员工辞职。不过由于派遣员工与用工单位在工作中始终接触，所以往往用工单位会第一时间得知员工的动态，此种情况就需要用工单位的负责人与劳务派遣单位及时沟通，告知劳务派遣单位提前做好相应的预案。派遣员工的辞职给用工单位或劳务派遣单位造成损失，其个人还应承担相应的赔偿责任。

5.派遣员工给用工单位造成损失的，劳务派遣单位是否应承担连带责任

◆**分析说明：**

由于用工单位与劳务派遣单位之间存在合同关系，所以派遣员工给用工单位造成的损失，劳务派遣单位应承担用工单位的损失。

◆**实操建议：**

劳务派遣单位应按照合同中的相关规定，确保派遣员工服从用工单位的管理，按照用工单位的要求开展工作。如因派遣员工个人的原因，给用工单位造成损失的，可视为劳务派遣单位违约，劳务遣单位应承担违约责任。

如派遣员工不能独立承担责任，则劳务派遣单位应该承担连带责任。此外用工单位也应及时将危害公司利益的行为告知劳务派遣单位，避免损失扩大化。如出现由于不及时告知，导致损失扩大化的情况，则损失扩大的部分由用工单位自行承担。

6.用工单位是否可以通过自设或合伙设立劳务派遣单位的方式，向本单位派遣劳动者

◆**分析说明：**

由用工企业自己设立的劳务派遣单位，向本单位派遣劳动者的方式，属于逆向劳务派遣操作。此种逆向操作实际上是借劳务派遣名义掩盖与规避真实存在的劳动关系并且逃避应承担的相应社保、公积金等费用的"假派遣"操作。《劳动合同法》第六十七条明确规定："用人单位不得设立劳务派遣单位向本单位或者所属单位派遣劳动者。"

◆**实操建议:**

用工单位自己设立的劳务派遣单位,不得向本单位派遣劳动者,但设立的劳务派遣单位若采取市场化的操作,为其他企业提供劳务派遣服务则是可以的。

7.劳务派遣单位与用工单位约定,由劳务派遣单位给派遣员工缴纳社保并承担由于未缴纳社保所带来的一切后果,此种情况用工单位是否存在风险

◆**分析说明:**

用工单位按照合同约定,给劳务派遣单位支付派遣员工的工资、社保、公积金等相关费用,而劳务派遣单位仅给派遣员工发放工资,社保、公积金等部分则不缴或少缴,此种操作就是常说的"吃社保"。这种操作肯定是违反相关法律的,但有的时候劳务派遣单位也是迫于无奈。因为用工单位支付的服务费不足以支撑项目的运营,有时也是用工单位为了规避自身的风险而主动与劳务派遣单位沟通后所达成的共识。

对用工单位来说,用工单位对派遣员工有使用权,但由于没有直接跟派遣员工签订劳动合同,所以从法律意义上讲,双方无劳动合同关系。虽然双方无劳动合同关系,但从法律规定来看,双方之间的权利与义务又处处受到相关劳动法律法规的调整与约束。因此如果出现类似"吃社保"的情况,用工单位依旧要承担相应的法律责任。

◆**实操建议：**

用工单位不能在明知劳务派遣单位违规操作的情况下，还持续纵容劳务派遣单位的违法行为，建议用工单位定期核查劳务派遣单位社保操作方面的合规性。

8.劳务派遣业务中用工单位能否与派遣员工约定试用期

◆**分析说明：**

《劳动合同法》中规定："同一用人单位与同一劳动者只能约定一次试用期。"企业在招聘录用员工的时候为了对员工的工作技能、工作态度、岗位匹配能力等进行综合的考察，往往会约定一个考察期限，来综合评估员工，避免由于招聘的偏差而导致企业工作不能顺利开展，此外员工也可以在考察期期间，来评估企业是否适合自己，达到双向选择的目的。

一般情况下劳务派遣单位与派遣员工签订劳动合同时，是不能单独与派遣员工约定试用期的，因为用工单位是实际用工方，派遣员工向用工企业提供劳动，而不直接向劳务派遣单位提供劳动，所以这个试用期要跟用工单位沟通后方可拟定，这样也是为了保护用工单位的利益。如果派遣员工在试用期内被用工单位证明不符合录用条件，用工单位可以将派遣员工退回，但是在拟定相关试用期条款的过程中，需要让派遣员工知晓相关的内容，这样可以确保用工单位、劳务派遣单位以及派遣员工的共同利益。

◆**实操建议：**

派遣员工试用期的约定需要劳务派遣单位与用工单位针对岗位的情况提前沟通好。在派遣员工与劳务派遣单位签订劳动合同的时候，劳务派遣单位应主动告知其试用期的期限以及工作内容，此外用工单位也要跟劳务派遣单位就双方约定的派遣员工试用期条款保持一致性，避免造成误会。

◆**延展问题：**

实习期与试用期的区别。

◆**分析说明：**

实习期是指在校学生利用自己学到的知识，参加社会实践工作，以达到提升个人综合素质、增强工作适应能力的一个过度性时期。根据劳动部《关于贯彻执行劳动法若干问题的意见》第十二条规定："在校生利用业余时间勤工助学，不视为就业，未建立劳动关系，可以不签订劳动合同。"

试用期是指在劳动合同期限内，用人单位对劳动者是否符合岗位与工作要求的一种规定相应期限的考核，劳动者在此期间也可以对公司与工作进行评估，来判断其是否符合自身的求职与就业的标准，考核是双向的。试用期受《劳动合同法》的调整与规范。

实习期与试用期的具体区别如下：

区别	实习期	试用期
法律规定	《劳动合同法》无法律规定	《劳动合同法》明确规定
适用人群	一般为在校未毕业的学生	符合法律规定的劳动者
次数	可以多次实习	同一用人单位与同一劳动者只能约定一次试用期
报酬属性	实习津贴、补贴	工资
合同	实习协议	劳动合同
社保承担	无需缴纳社会保险	必须缴纳社会保险

表 1-2 实习期与试用期的区别

◆**实操建议：**

实习期主要针对的是学生工的操作，在学生工操作的过程中，一方面要充分地理解与运用相关的政策，另一方面由于学生的特殊性，核心是关注学生在实习过程中的安全问题。

企业在对员工试用的过程中需要尽快对员工进行胜任力的判断，切忌试用期滥用，从而给企业带来不必要的用工风险。

第二部分：劳务外包篇

人力资源行业的外包从广义上来说，应该是覆盖人力资源全部六大模块的，目前市场上比较主流的人力资源外包服务有：招聘外包、管理培训与咨询外包、薪酬福利外包、人才测评服务、劳务外包与业务外包等。

在"灵活用工"业务中对外包类业务的定义，是在劳务外包与业务外包这个层面上的[①]。目前很多人力资源行业从业人员在劳务外包与业务外包的理解上是存在认知偏差的，并且由于劳务外包与业务外包在业务操作的方式上与劳务派遣业务存在一定的相似性，所以给相关人力资源行业从业人员造成了一定的混淆。

一、认知劳务外包

劳务派遣单位与用工单位在合作过程中，总会听到用工单位跟劳务派遣单位说，它们把自有员工都外包出去了；或者跟某劳务派遣单位做了劳务外包，由劳务派遣单位帮其处理一些人事相关的事情。从市场上对此类业务的传统叫法来看，不算错。因为目前市场上多数的劳务派遣单位跟用工单位的合作都是这样操作的。但从专业的角度来看，这当中其实是存在一些问题的，也存在巨大的隐患。

想要正确地理解劳务外包业务，需要先理解外包的含义：所

[①] 本书仅对劳务外包与业务外包进行讲解，书中提到的其他人力资源外包服务，各位读者可根据自身的需要，阅读相关资料自行学习。

谓外包，是企业为了维持并提升组织的核心竞争能力，将组织中的非核心业务委托给外部的专业公司，以达到降低企业营运成本、优化人力资源、提高客户满意度的目的。

从对外包的解释可以看出，外包其实是一种辅助生产与经营的手段，既然是对生产进行辅助操作，那么它天生就具备业务的实际属性，也就是说所有的外包从本质上来说，它跟企业正常的工作其实是没有什么区别的。例如，某制造纸盒的公司在生产旺季，出现人手不足的情况，为了完成产量，采用业务外包的方式进行生产，那么该公司在对外包公司进行评估跟考核的时候，不仅外包公司负责的产量要能跟得上企业的产量要求，而且质量也要能达标。

1.市场上外包业务的种类

此类带有业务属性的外包目前在市场上有如下几类：

◆客服呼叫中心外包

目前很多的互联网电商平台，都设有大量的客服类岗位，它们通过集体呼叫方式进行，解决客户的问题，但很多公司又受到人员编制、经营成本、管理维度等方面的限制，不能直接组建自身的团队，所以很多企业将客服的业务外包出去，找相关的公司进行操作，按照达成的业务量进行结算。

◆制造业外包

制造业外包涉及的范围极其广泛，它需要操作的外包公司有很强的业务操作能力以及生产加工与技术改善能力，一方面是考量外包公司对业务的管控水平，另一方面还需要外包公司从经营、环评、税收、法务等方面进行全面的自我评估与完善，这样才能操作好制造业的外包业务。

目前制造业的业务外包多以产量外包为主，核心是考核业务量，按照实际达成的业务量进行核算。

◆**物业与环卫绿化外包**

物业与环卫绿化相关的业务多为衍生业务，企业将非核心的此类业务以采购服务的方式进行操作，节省相关的成本。

物业方面的业务主要有：垃圾清运、环境整洁、安保、给排水等相关业务。

环卫绿化方面的业务主要有：路面维护养护、树木种植栽培养护、环卫清理等相关业务。

◆**销售外包**

销售是企业的核心部门，采取外包的方式比较少，但目前很多的企业由于受到业绩与盈利的压力，采取销售外包的方式来协助销售的增长。

目前采取销售外包方式的企业，以房地产开发公司为例，房地产开发公司把相关的楼盘销售权交由销售代理公司代为销售，销售代理公司进行组建团队并负责楼盘销售。此外，一些保险公司也把自身的保险业务交由第三方外包公司进行销售。

◆**物流外包**

物流行业被很多人片面的理解为就是快递、送货，但从物流行业的功能上来看，物流行业有五大功能分别是：运输、储存、装卸、流通加工、包装，这五个功能的每一项都能采取外包方式进行操作。目前市场上针对物流行业的外包，主要集中在对人力需求量较大的运输、装卸、包装等环节。外包公司按照客户方的相关要求进行操作，核算的标准也是多种多样，这需要外包公司对于物流行业的各个环节十分了解，才能操作好业务。

操作好以上的外包业务，需要外包公司充分了解发包公司的业务形态与业务流程，把自己当作企业的一份子，按照发包企业实际的生产与工作要求去进行操作，此外还需要外包公司有很强的业务把控与业务改善能力，通过优秀的管理手段与技术提升方法，来达到优化成本、提高效率的目的。

目前，我国外包公司的整体业务外包操作能力与水平还处于较为粗放的阶段，真正能做到企业嵌入式业务外包操作的外包公司凤毛麟角，所以致力于操作真正业务外包的外包公司任重道远。

2.业务外包的重新定义

上文讲到业务外包，它是需要有很强的专业性才能操作的，那么从人力资源行业的角度来看，目前市场上多数劳务派遣单位操作的外包到底是什么形式呢？它又有着什么样的特征呢？先来看一个案例：

某制造型公司目前有员工近 1500 人，其中管理层近 200 人，一线操作员工近 1300 人，企业目前仅对管理层人员缴纳社会保险与公积金，一线操作人员由于流动性较大，企业考虑到成本因素则没有缴纳。从 2019 年起，国家对于企业社保的缴纳进行全面的清查，社保由税务部门统一进行征收，该企业如果按照现行国家缴纳社会保险费的标准与规定，企业的人工成本将上升至少 35%。该企业考虑到自身经营成本的压力，希望找寻外部劳务派遣单位协助企业进行人力成本优化的操作，经过与劳务派遣单位沟通后，劳务派遣单位建议该企业采用劳务外包的方式进行操作，即，将一线操作员工进行劳务外包方式处理，相关的风险交由劳务派遣单位承担。

此业务为目前市场上比较典型的劳务外包业务，用工单位与劳务派遣单位签订外包合同，将部分员工转移给劳务派遣单位，从而使企业达到规避风险、降低成本的目的。

暂且不考虑此类业务合规与合法性的问题，从这类业务的操作属性上看，虽然它叫作外包，但是与真正的业务外包相差甚远。它仅仅是解决了外包业务中企业员工劳动关系与岗位编制的环节，看似与劳务派遣业务相似，但是合作双方签订的并非是劳务派遣业务的合作协议，所以又不是传统意义上的劳务派遣业务，并且此种操作并没有解决企业实际业务量的问题，此类业务虽然签订的是外包合同，但是不能够叫做业务外包。在实操过程中更多的劳务派遣单位与用工单位将此类业务定义为"岗位外包"。这种定义从实操与业务属性上看确实有一定的道理，毕竟签订的是外包合作协议，在结算方式上也是按照个体单位的标准来进行核算的。但从实际的业务角度来分析，此种操作会发生业务属性与实操不一致的情况。所以针对此类业务，笔者认为最为准确的定义应为：**业务外包中的劳动力外包或岗位外包**，这样的定义较为符合业务的形态。

此类业务在操作上一般有如下几方面的共性：

◇以业务外包的名义操作，行劳务派遣业务之实。

◇合作双方签订劳务外包合同。

◇劳务派遣单位承接用工单位员工的劳动关系，并承担相应的风险。

◇承接过来的员工，劳务派遣单位均会对其进行相关费用与成本的优化。

目前市场上此类业务的非合规化操作比率很高，若要做到合规化操作，则需关注如下几个方面的合规性：

（1）外包合同的规范性

合作双方签订合同是在任何业务合作中必不可少的环节，合作双方按照合同内容的约定来履行彼此的职责并承担相应的责任，所以合同的签订环节十分重要。下面以实际的外包合同为例，对外包合同内可能涉及到的相关问题进行说明：

合同范本

劳务外包合同[①]

> 合同名称：要按照实际业务属性命名，如果是以产量为结算依据，则合同名称应该为：XXX业务外包合同；如果是以劳动力、岗位为结算依据的，则合同名称应该为：XXX劳动力外包或岗位外包合同。合同的名称应清晰明确并且与业务操作方式相呼应。

合同编号：

甲方：

通信地址：

联系电话：

乙方：

通信地址：

联系电话：

根据《中华人民共和国合同法》以及相关法律、法规规定，甲乙双方现

[①] 合同中相关法律条款的拟定，参照《中华人民共和国合同法》中的相关规定。

就甲方委托乙方提供关于厂区普通工人，宿舍、办公楼保安、保洁，物流仓库操作的外包服务（以下简称"外包业务"）以及由此产生的权利和义务等有关事宜，在经友好协商的基础上，达成并签订本合同，以兹共同遵守。

> 在合同中需要明确外包业务的工作事项，如果是涉及业务方面的外包，则需要明确业务本身的情况与相关的考核要求；如果是劳动力外包或者岗位外包，则需将相关岗位固定，并明确岗位的任职资格与要求。

1. 适用法律

本合同以及与本合同有关的一切事宜，一律适用中华人民共和国的法律、法规。因任何原因致使本合同条款与中华人民共和国法律、法规相悖时，均应以中华人民共和国法律、法规为执行标准。

2. 定义

2.1 乙方服务人员：指由乙方依法聘用并办理用工手续，由乙方组织、安排员工完成本合同项下甲方委托给乙方的外包业务。

2.2 附件：指甲、乙双方签订的所有与本合同有关的补充协议或相关书面约定。附件是本合同不可分割的组成部分，与本合同具有同等法律效力。

2.3 外包服务费：指完成外包业务所发生的劳务费和管理费。

3. 合同期限

3.1 本合同有效期为_____年，自_____年_____月_____日起至_____年_____月_____日止。

> 合同期限为双方合作的有效期，但此合同期限涉及到劳务派遣单位（乙方）与员工方签订的雇佣合同中的服务期限，原则上两个合作期限在时间上需要一致。

3.2 本合同有效期届满前 30 日,甲乙双方应协商合同续订事宜。如双方继续合作,则另行签订合同书。

4. 费用标准与结算

4.1 甲方按以下标准向乙方支付外包服务费:根据乙方为完成甲方委托的外包业务而实际完成的工作量进行结算,具体的外包服务费计算标准和费用构成详见本合同 4.3 条款约定内容。

4.2 本合同有效期内,如因外部客观因素发生变化,导致有必要对本合同项下的费用进行调整的,则任何一方需提前 30 日向对方提出书面申请,在双方就费用调整事宜达成书面协议后方可予以调整。

4.3 外包服务费具体结算数额依每月实际产生费用为准进行结算,详细如下:

(1)每月甲方根据实际发生应付乙方费用包括:劳务费与管理费。

劳务费是指乙方为甲方实际完成的工作量发生的费用,其中包括:劳务人员工资、福利、保险、税金等,结算标准为:

序号	结算项目名称	劳务费单价
1		
2		
3		
4		

管理费是指乙方为完成甲方委托的外包业务所发生的费用;经双方协商,甲方按乙方当月实际发生劳务费的百分比为乙方支付管理费。

(2)甲方于每月 10 日前向乙方支付外包服务费。乙方于每月 20 日前向甲方提供全额的劳务费发票。

(3)乙方依法按时为劳务人员支付工资(提前支付金额不得低于总金额的 1/3)。

在外包业务的结算过程中，费用结算的方式有如下几种：

●**按照岗位的本身情况来结算：**

此种方式最直接的结算方法就是"打包价"固定费用支付，规定每个岗位每个月的实际成本，以合同案例中的保洁员岗位为例，甲方（用工单位）可以给与乙方（劳务派遣单位）约定保洁岗位每人每月固定的费用，此费用包含保洁员的工资、社保、公积金、福利等完成工作任务后应得的部分，也包括乙方（劳务派遣单位）的服务成本与预期利润。此种方式的操作简单易行，便于计算，是劳动力或岗位外包操作的首选结算方式。

目前针对此类岗位的外包还有诸如阶梯结算的方式：即每个月固定人数，超过或不足这个基础人数的话，结算的费用会有所变化。

●**按照实际业务产量与达成相关任务量来结算：**

此种方式的结算则较为复杂，需要进行实际的计算才能确定最终的结算价格，甲乙双方在此类以产量为结算的业务外包合作中，彼此都需关注如下问题：

甲方（用工单位）：需要考虑的是乙方（劳务派遣单位）实际操作能力与项目运营水平，不要由于乙方价格上的优势而忽略对乙方服务的关注，从而导致工作任务未达成，给自身造成损失。

乙方（劳务派遣单位）：对业务进行全方面的评估，详细测算，合理地拟定项目的报价。

甲乙双方在合同中对结算方式的约定要遵循业务的实际情况并充分沟通，切忌以单方的意志为主要思路，避免后期在操作过程中产生不必要的麻烦。

此外涉及到回款部分的操作，在回款过程中应关注以下 4 个时间节点：

结算日：每个月合作双方需对上个月发生的费用进行核对，一般是一个自然月结束之后的 5 天之内进行结算，确认相关员工的出勤、产量等。

开票日：一般是在结算之后 2-3 天之内由乙方（劳务派遣单位）财务进行开票确认，并且寄送。

回款日：甲方（用工单位）收到票据之后 5 个工作日之内进行打款操作。

发薪日：乙方（劳务派遣单位）收到甲方费用之后，按照约定的结算标准给员工进行费用结算。

对于这四个日期，作为乙方（劳务派遣单位）还需关注的是，尽量避免由于甲方（用工单位）的回款不及时而造成的垫付，从而带来资金占用的压力与资金安全的风险。此外，如果甲方（用工单位）明确要求乙方（劳务派遣单位）垫付，乙方（劳务派遣单位）则需要在业务安全性、回款及时性等方面进行评估，必要的时候需要找甲方收取垫付资金的成本。

4.4 乙方账户信息：

帐户名称：

帐号：

开户行：

5. 甲方的权利与义务

5.1 甲方应于外包业务正式运作前，将适用于外包业务的工作流程、服务质量标准、考核标准、乙方服务人员要求等所有规章制度和程序以书面形式告知乙方，并有权就外包项目的完成及达标情况随时进行监督或提出整改要求。

5.2 甲方有权根据实际需要对本合同所涉及的外包业务具体服务内容进行补充或变更，但应事先与乙方另行达成书面补充协议。若补充或变更的外包业务内容所涉及的费用未包含在本合同项下的费用构成中时，甲方须另行向乙方支付相应的服务费用。

5.3 甲方应指定专人与乙方就外包业务的执行、完成情况进行及时、有效的指导、沟通，以有利于乙方及时完成外包业务。

5.4 甲方同意根据外包业务的实际需要向乙方提供为开展、完成外包业务所需的工作环境和工作条件，并遵守国家适用的环保、职业保健和安全法规。

5.5 甲方应按时依约向乙方支付外包服务费用。

6. 乙方的权利与义务

6.1 乙方有权根据本合同和附件的约定，按时向甲方收取外包服务费用。

6.2 乙方必须根据甲方外包业务运作要求，及时组织、安排符合要求的服务人员，所提供的服务人员应满足双方约定的条件和要求，包括年龄16-65 周岁、初中以上文化程度、有健康证或有已参加健康体检凭证等。

6.3 乙方应与其服务人员依法建立用工关系，及时办理录用手续。乙方理解并同意，在任何情况下，乙方的服务人员均不得被视为甲方的雇员或甲方的劳务派遣人员，甲方对乙方的服务人员不承担任何用人单位责任或用工单位责任。

6.4 乙方服务人员应自觉遵守法律法规和甲方相关规章制度，服从甲方现场人员的监督和管理。若乙方服务人员违反甲方公司制度、劳动纪律，甲方有权要求乙方立即更换，并在 3 个工作日内将替换人员补齐到位。

6.5 乙方应对其服务人员承担用人单位的法定责任，包括但不限于依法依约向员工支付工资报酬、福利待遇，代扣代缴个人所得税，缴纳社会保险，保管人事档案和办理入职、离职、退休、工伤等相关事宜。具体如下：

（1）乙方负责与外包员工签订《劳动合同》或《劳务合同》，办理各项入职手续；为离职员工办理离职手续；负责乙方服务人员的劳动争议纠纷。

（2）乙方负责为外包员工办理工伤保险缴纳，费用由乙方承担。

（3）乙方外包人员在甲方工作期间发生工伤，由乙方负责办理工伤鉴定，结论符合工伤员工可享受工伤待遇及各项补助金时，乙方负责办理工伤费用报销及各项补助；符合伤残等级的，乙方办理伤残鉴定；除正常享受工伤保险赔付之外未能报销的工伤费用，由乙方承担部分（乙方应严格按照国家伤残鉴定标准，予以相应赔偿，如果工人虚报、谎报伤残病情，及额外使用医保范围之外的药物，乘坐医保范围之外的交通工具，住宿标准超过医保报销范围之外的一切费用乙方不予承担）。

（4）发生死亡的，具体情况一事一议，甲乙双方协商解决。

（5）乙方外包人员在甲方工作期间患病需长期病假或非因工负伤情况发生时，甲方有权要求乙方调换人员，乙方负责办理该员工各项辞退手续及相关经济补偿事宜。

（6）其它事项说明：工伤保险投保要求，女性，年龄 18-55 岁；男性，年龄 18-60 岁。如员工不符合工伤保险投保要求，由乙方负责为其办理意外伤害保险，当员工发生工伤，由乙方负责办理费用报销及各项补助；符合伤残等级的，乙方办理伤残鉴定；除正常享受保险赔付之外，其余未能报销的费用，由乙方承担。

6.6 乙方应在外包业务正式运作前向甲方提供其有效的营业执照以及相关资质，保证其确有能力和资质完成本合同项下甲方委托的外包业务，并根据甲方需要向甲方提供乙方服务人员的个人信息资料。乙方保证具有法律规定的资格签署本合同并完成本合同项下甲方委托的外包业务。在本合同签署后或履行过程中，如甲方发现乙方违反上述声明及保证或不具备声明及保证的资格，甲方有权立即以书面形式通知乙方解除本合同而无需承担任何违约责任。如甲方因此受到行政处罚或经济损失的，由乙方承担赔偿责任。

6.7 乙方应根据业务运营实际情况及甲方要求派驻现场管理人员。乙方派驻管理人员应接受并执行甲方合理的工作指导意见。

6.8 如乙方在提供外包服务过程中发生乙方服务人员工作不胜任或流动缺员的，乙方应在 3 个工作日内补齐替换人员到岗，并且不得对完成甲方委托的外包业务造成不利影响。如甲方因此遭受损失的，乙方承担损失赔偿责任。

6.9 对本合同项下甲方委托的外包业务执行过程中遇到的问题及时与甲方沟通，接受甲方的工作指导，按时完成本合同约定的外包服务内容。

6.10 根据甲方反馈信息，不断完善服务流程，提高服务质量。甲方有权考核乙方的服务质量，如因乙方服务质量原因造成甲方经济损失的，乙方承担相应的责任。

7. 双方共同享有的权利和共同履行的义务

7.1 本合同以及本合同履行过程中与之相关的一切文件，包括但不限于合同的草稿、附件、报价、往来传真信函等，均为甲、乙双方之商业秘密，任何一方均不得以任何形式向第三方泄漏，否则应承担相应之法律责任。

甲方向乙方披露的所有关于外包业务的工作流程、服务质量标准、考核标准、乙方服务人员要求等所有规章制度和程序都应视为甲方的知识产权及商业秘密，乙方不应以任何形式无偿占用、使用，或者向任何第三方披露。

本条款在协议终止后或届满后三年内仍然有效，对双方当事人均有拘束力。如乙方或其管理人员、雇员未能遵守本条款，则乙方应赔偿甲方因此遭受的全部损失，包括但不限于法律费用、经济损失及其它费用。

7.2 任何一方变更企业名称、法定代表人、主要负责人或投资人等事项，不影响本合同的履行。

> 甲乙双方约定好各自的责任与义务，明确各自在业务中的角色与位置，是做好外包业务的基础。对于此部分条款的设定与规范，甲乙双方在拟定过程中的核心思路是：
> 1、从业务本身出发，规范业务操作。
> 2、从责任划分考虑，明确职责。
> 3、从法律法规上看，合法合理。

8. 合同的变更、解除

8.1 本合同的变更、解除，必须以书面形式进行。本合同未尽事宜，由甲乙双方协商解决，并签署相应的补充协议，该补充协议应作为本合同的附件，是本合同不可分割的组成部分。

8.2 合同期内，如遇政府实施新的政策法规造成本合同必须变更、解除的，双方应友好协商解决。

8.3 合同期内，甲方因经营生产或公司决策等因素解除本合同的，提前15日书面通知乙方，除按约定支付已发生的管理费、外包服务费外，不承担任何违约责任。

9. 违约责任

除本合同另有约定外，在本合同有效期内，任何一方违反本合同之规定给对方造成经济损失的，必须承担赔偿责任。

10. 争议解决

甲、乙双方在履行本合同过程中发生的任何争议，均应由双方友好协商解决；如协商不成的，双方可向原告所在地人民法院提起诉讼。

11. 本合同经甲、乙双方签字盖章之日起生效，本合同正本一式四份，甲乙双方各执两份，有同等的法律效力。

甲方（盖章）：　　　　　　　　乙方（盖章）：

甲方代表（签字）：　　　　　　乙方代表（签字）：

日期:年_月_日　　　　　　　　日期：年_月_日

（2）劳动关系承接的合规性

现今由于我国对企业使用劳务派遣员工有数量上的要求，许多用工单位为了满足自身经营的需要，在保证相对员工数量不变的情况下，纷纷将企业的劳务派遣员工在身份上进行转换，变成外包性质的员工。用工单位与劳务派遣单位签订业务外包合同或

者是针对某些岗位的劳动力外包或岗位外包合同，将业务合作的
形式进行转换，即从劳务派遣业务的合作转换为针对某项业务的
外包合作，从而达到满足用工、降低成本、规避风险的实际目的。

目前市场上对此种方式的操作莫衷一是，各方都有各方的理
解与看法，笔者认为想要了解此种业务操作的核心，应关注如下
几个方面：

①成本方面

要想先搞清成本方面的问题，需要先明确在此类业务中会涉
及到哪些方面的成本。下面以某劳务派遣单位的外包报价单为基
础，对此类业务涉及到的成本进行说明：

外包项目报价表			
类别	**项目明细**		**基价成本结构与说明**
	项目	**明细**	**报价说明**
固定部分	薪资	工资	相关地区最低工资标准
	加班	工作日加班	按照国家规定执行
		周六日与节假日加班	按照国家规定执行
	津贴	全勤奖	员工每月满勤后的奖励
		餐补	用餐补贴
		住房补贴	员工住宿补贴
		夜班津贴	夜班津贴
		工龄津贴	留任奖励
	福利	高温补贴	按照国家规定执行
		交通补贴	上下班交通补贴
		年终奖励	年终奖金
		员工福利	全年福利(节日礼金\春节\员工活动)
		服装与劳保用品	相关工服制作与工作工具的提供
		体检费	年度体检费
	社保&公积金	社会保险	按最低基数标准计算
		公积金	按最低基数标准计算
	工会费&残保金	工会费	按照国家规定执行
		残保金	按照国家规定执行
	合计		(直接用工成本)
业务操作部分	招聘费	招聘成本	由招聘所产生的成本
	管理费	管理成本	管理成本分摊、商业保险费缴纳等
	风险金	风险成本	对项目预估风险的评估
	合计		(外包费用成本)
合计费用	税金	增值税缴纳	甲乙双方约定由哪方承担
	总价	总成本	合计总费用

表 2-1 某劳务派遣单位外包业务报价单

通过案例可以看出，外包业务的报价可分为如下几个部分：

◆**固定部分**

此类部分主要有：薪资、加班费、津贴与福利、社保与公积金、工会费与残保金等。

★**薪资**

按照各城市的最低工资标准或以用工单位拟定的同岗位的基本工资作为参考依据，按实际情况进行填写。

★**加班费**

根据用工单位的实际情况，测算好工作日加班的时长、法定休息日与法定节假日的加班时长，按照国家规定的加班费支付标准，进行加班费用的计算。

支付标准：工作日支付标准为基础小时工资[①]的 1.5 倍；周末休息日支付标准为基础小时工资的 2 倍；法定节假日支付标准为基础小时工资的 3 倍。

★**津贴、福利**

津贴、福利方面根据实际情况进行相应的费用收取，用工单位自有的福利可以参照其实际情况进行操作。

★**社保、公积金等**

按照国家的规定进行缴纳，缴纳标准参照国家和各地相关部门所颁发的规定。

★**工会费、残保金等相关国家规定应该缴纳的费用**

此类费用应按照实际情况以及各地征收的标准进行收取，如果各地对于此类费用征收有相应的减免与优惠政策，则可不进行

---

① 基础小时工资（元/小时）=基础工资（元/月）/21.75 天/8 小时，其中 21.75 天为国家法定的每月工作日，8 小时为标准工时下每天的基础工作时间。

报价。

以上这 5 项固定部分的成本，是参照用工单位自身用工成本来拟定的。也就说，用工单位即使不采用外包业务，在企业实际的用工与自我操作过程中，也需要付出相同的成本，所以此类费用是相对固定的。

◆**业务操作部分**

此类部分主要有：招聘费、管理费、风险金等。

★**招聘费**

主要结合企业岗位的实际情况，进行费用报价，由于招聘费用在结算的方式上较为灵活，所以建议对招聘费用进行单独报价。

★**管理费**

为外包公司日常对外包员工服务与管理的费用，包括日常管理人员的管理成本、商业保险等辅助性费用。

★**风险金**

风险金为外包业务报价的核心部分，外包公司按照合同的约定，收取相关费用，承担相应的风险，目前主要的风险有：

√.工伤风险：工伤率比较高的企业发生工伤后，即使社会保险中的工伤保险部分承担了相应的赔付，也会存在补偿不足的情况。所以在合作中由工伤事故引发的赔付，往往合作双方会约定比例，共同进行承担。

√.裁员风险：许多有阶段性项目需求的企业，在项目结束后，会存在批量裁员的情况。一般此类情况，应按照《劳动合同法》的规定进行相应的赔付。如果发包方不承担裁员补偿，则外包公司在报价过程中需要预判可能存在的裁员风险，在业务报价的阶段则需要收取相关的费用。

◆总报价部分

总体报价就是将固定成本与业务操作成本进行加总，计算出的总金额，并且税金部分双方需约定由哪方来承担，约定后的报价为最终的实际总报价。

综上通过对该报价案例的分析，可以得出如下两点结论：

1)员工成本部分的支出不会降低：在合规操作下，涉及员工成本方面的支出不会降低。

2)业务操作部分的风险不会完全转移：除非将风险全部转移，否则发包企业的风险不会完全消失，并且还需为相关的风险转嫁承担相应的费用与支出。

②成本可操作的方面

既然外包操作并没有明显降低成本与规避风险，那么为什么还有许多企业对其趋之若鹜？这就要从前文对于成本方面的说明来进行分析。

在成本方面，固定成本支出方面，看似这些成本均为不可变量，但并非不能操作，由于签订的合同为针对业务方面的外包合同，作为业务的发包方可以接受来自全国范围任何地区的企业为其提供的服务。所以项目的承包方就可以通过其在相关区域有政策的资质进行对应的操作，这就为项目承包方创造了很大的操作空间。

主要的操作空间有：

◆社保、公积金等部分

目前，由于我国各地社保与公积金等政策在地域上存在一些差异，有些地区社保、公积金基数较低，所以许多外包公司均在社保、公积金基数较低的地区注册公司，这样在承接业务的时候，可以利用这些资质与项目发包方签订合同，达到节省成本的目的。

此外，有些地方性的政策可以阶段性地认可，诸如"地方性的三险""单工伤险"等险种，这样成本会进一步降低。

◆**工会费、残保金等部分**

目前诸如残保金、工会费等政策性资金的缴纳，各地在征收上也是存在差异，有些地区是强制性征收，有些地区则可以暂缓缴纳。所以依旧可以通过异地的政策资质进行费用规避与减免的操作。

经过分析可以看出，通过业务外包的操作方式，利用合作方相关政策资质的优势，确实在名义上可以给企业节省成本，使企业实现降低成本的目的。

但凡事均存在两面性，企业在操作类似业务的时候，均是从企业自身成本与利益的角度考虑的，而对员工方面的利益则欠缺思考。从员工的角度去看，工资的确没有太多的变化，甚至不缴纳相关的费用，个人到手的工资会更多。但从长远来看，此种操作却存在一定风险。

首先是员工个人保障的问题，不给予员工缴纳工作所在地的社会保险，员工的个人利益无法保障，如发生医疗、工伤、生育、失业等情况，员工无法通过正常的方式进行报销。此外在养老保险的环节上，如长时间不为员工缴纳养老保险，员工在退休时无法正常领取养老金，若其向前追索原因的话，之前未给员工缴纳保险的企业则需要承担相应的责任。

其次是发生劳动仲裁的时候，由于是采用异地资质进行操作，则导致出现仲裁时间延长、责任权限划分不清晰的情况，给员工与企业带来时间上、成本上、精力上的消耗。并且，由于此类业务本身也是踩在红线上的操作，所以在认定的过程中，仲裁机构通常会做出倾向于员工的判决，企业方即使与外包公司进行了相应的规定，依旧要承担相应的处罚。

最后就是在风险管控上，操作此类业务，在外包公司收取的费用中，风险金部分占了很大的比例。关于外包公司收取风险金后所承担的风险，笔者认为主要有如下几个方面：

★承担税务稽查的风险

一般采用此种资质的操作，均会有当地政府在工商、税务、社保等方面的支持，所以当地的政府部门对于此类业务的稽查会较为宽松。

★承担员工医疗、工伤等风险

如果不给员工缴纳正规的社会保险，员工在出现诸如医疗、工伤等问题时，社会保险则不能发挥相应的作用。往往此类风险由外包公司承担，所以许多外包公司均会与商业保险公司合作，用商业保险替代社会保险。

★承担相应劳动仲裁的风险

劳动仲裁方面的风险，为合作双方约定的风险，承担多大比例的风险，则需双方进行沟通。

通过综上分析可以看出，类似的业务操作确实可以达到控制部分成本与规避风险的目的，但依旧会存在一些问题。这需要合作双方共同思考与探讨，在不同的情况与业务背景下，应采用何种对应的业务操作方式。不能由于风险的存在而因噎废食，也不能由于一些政策的倾向与支持就毫无节制地滥用政策。既然此类业务存在于市场，则可依照"存在即合理"的原则去对待。

二、劳务外包与劳务派遣的异同点

通过派遣篇与外包篇的介绍相信各位读者已经对劳务派遣与劳务外包有了一定的了解，两种业务在操作上，由于都与员工签订劳动合同，所以导致很多从业人员认为两者的区别不大，仅是名称与叫法上的不同，这显然是不对的。单看前文对两者定义的介绍，就能发现其不同：劳务派遣是企业的一种用工方式，劳务外包则属于企业业务操作方面的范畴。下面笔者结合前文的介绍以及相关的实操经验对两者的异同点进行相应的阐述：

异同点		派遣	外包
相同点		用工单位或发包单位都与员工签订劳动合同	
不同点	法律适用范围	劳动合同法	合同法
	员工管理权	用工单位直接管理	承包方直接管理
	劳动风险承担	不对工作结果负责	以工作结果为导向
	用工风险承担	三方法律关系承担一定用工风险	承包方承担法律风险
	经营资质要求	按照劳动合同法规定设立、获得劳务派遣许可证	无特别经营资质要求，特定资质
	财务处理	工资总额纳入用工企业工资总额的统计范围	外包费用不纳入工资总额
	计算方式	按月支付劳务费	产量计算服务费

表 2-2 劳务外包与劳务派遣的异同点

1.相同点

由于工作都是需要在有人的情况下才能正常开展，所以不论是派遣还是外包都离不开人，也都涉及到用工，那么既然涉及到用工就需要跟员工签订劳动合同，以保障员工的权益。

2.不同点

◆法律适用范围

前文介绍过劳务派遣是《劳动合同法》中规定的、国家认可的一种用工方式，所以针对劳务派遣的操作要遵循《劳动合同法》的相关规定。

外包通过之前的分析来看，它是甲乙双方在自愿平等下的商业行为，本质上是一种商业交易，所以它遵循的是《合同法》，按照《合同法》的相关规定进行操作。

◆员工管理权

在劳务派遣业务中，用工单位对员工有直接的管理权，劳务派遣单位跟员工是劳动合同关系。

外包业务是甲乙双方的商业行为，存在买卖关系。在外包业务中，甲方购买服务、乙方提供服务。乙方为操作业务所使用的员工应与乙方签订劳动合同，并接受乙方的管理与使用。

◆劳动风险承担

在劳务派遣业务中，由于是用工单位对员工进行管理，对员工的劳动成果享有实际的所有权，员工完成用工单位规定的工作，用工单位给员工发放相应的工资与报酬。用工单位除了不与员工签订劳动合同，在管理方式、工资、休假等方面均与正式员工操作方式无异。

外包业务是商业行为，所以是以实际业务完成量来进行核算的。也就是说，甲方花了钱，乙方就需要完成相应的结果。甲方不必关注乙方为了完成相应的结果，所花费的人力与物力。所以甲方考核的就是乙方业务完成情况，以结果为导向。

◆**用工风险的承担**

在劳务派遣中，劳务派遣单位、用工单位、派遣员工，这三方构成三角的关系。用工单位负责派遣员工的管理与使用，是实际的用工关系，承担员工用工过程中的风险；劳务派遣单位与派遣员工签订劳动合同，存在劳动合同关系，承担相应劳动合同中的风险。

外包业务的操作是甲乙双方基于《合同法》下的业务合作，外包单位为了达成甲方对业务量的要求，自行招聘人员，对这些人员进行管理，具体操作方式与甲方无关。所以员工的所有风险是由外包单位承担的。

◆**经营资质的要求**[①]

《劳动合同法》规定，经营劳务派遣业务应当具备下列条件：

①注册资本不得少于人民币二百万元。

②有与开展业务相适应的固定的经营场所和设施。

③有符合法律、行政法规规定的劳务派遣管理制度。

④法律、行政法规规定的其他条件。经营劳务派遣业务，应当向劳动行政部门依法申请行政许可。经许可的，依法办理相应的公司登记；未经许可，任何单位和个人不得经营劳务派遣业务。

提供外包业务服务的企业，除非服务的行业与客户对外包公司有相关从业与准入资格的要求，其他情况下则无需相关的特殊资质。

---

① 《劳动合同法》第五十七条

★财务处理方面

劳务派遣由于本质上还是企业的一种用工方式，所以派遣员工的工资部分，依旧计入到用工单位的工资总额中。用工单位在跟劳务派遣单位结算过程中涉及到的工资部分，在财务处理阶段依旧计入用工单位的工资总额。

外包业务中用工单位（发包方）将相关业务外包给外包单位（承包方），也就是说将相关的员工工资、社保等涉及到员工个人利益的部分，均从用工单位中剥离出去，所以这部分的费用也就不再计入用工单位的实际工资成本了。

此外两者在开票的操作上，还需注意如下的区别：

纳税人类型	合作模式	税法要求	税点	开票内容/项目	发票类型
一般纳税人	派遣	按5%差额开票：工资、社保、奖金、补贴等不属于收入的部分必须开普票，管理费可选择开专票	5%	服务费、劳务派遣服务费、劳务费	工资、社保、公积金等开普票；管理费等开专票/普票
一般纳税人	外包	按6%全额开票	6%	服务费、劳务费	专票/普票
小规模纳税人	派遣	按5%差额开票：工资、社保、奖金、补贴等不属于收入的部分必须开普票，管理费可选择开专票	5%	服务费、劳务派遣服务费、劳务费	工资、社保、公积金等开普票；管理费等开专票/普票
小规模纳税人	外包	按3%全额开票	3%	服务费、劳务费	专票/普票

表 3-1 劳务派遣与外包业务开具发票的区别

第三部分：非全日制用工篇

  非全日制用工，是灵活用工业务最早探索方向的基础框架。众多企业力图通过非全日制用工的来实现企业在用工上的灵活操作。不过从实际的业务操作情况上看，多数企业对于非全日制用工的理解只是停留在概念上的知晓，对于其在实操过程中需要注意的问题则还需要进一步加强。

一、非全日制用工的特征

  我国《劳动合同法》中规定，企业用工可以采取全日制用工与非全日用工的方式，与全日制用工相比非全日用工的特征如下：

  ①订立合同方式灵活：非强制性订立书面劳动合同，根据《劳动合同法》的规定，建立劳动关系应当订立书面劳动合同。而在非全日制用工中，双方当事人可以仅订立口头协议，双方通过口头约定的方式明确各自的权利与义务，并不得约定试用期，这也体现了非全日制用工的灵活性。

  ②劳动关系建立灵活：可建立双重或多重劳动关系，一般来说全日制的员工只能与一家用人单位建立劳动关系，而非全日制用工的劳动者可以与一个或多个用人单位签订劳动合同，但后订立的劳动合同不得影响先订立的劳动合同的履行。

  ③工作时间灵活："一般情况下，平均每日工作时间不得超过 4 个小时，每周累计工作时间不得超过 24 个小时。"在上述规定的时限范围内，具体工作时间安排可由用人单位灵活自主决定。

④薪资发放灵活：工资报酬支付周期短，非全日制用工劳动报酬结算支付的周期最长不得超过十五日，且不得低于所在城市规定的非全日制从业人员每小时最低工资标准。

⑤社保缴纳灵活：一般情况下，企业只需为员工缴纳工伤保险即可，员工发生工伤后，依法享受工伤保险待遇。此外，员工可以根据个人的需要，自行缴纳针对灵活就业人员的社会保险。

⑥解约方式灵活：在全日制用工模式下，解雇保护标准严格，必须满足法律规定的条件、程序等方可解除员工的劳动关系，否则用人单位将承担违法解雇的不利后果。非全日制用工，双方当事人的任何一方都可以随时通知对方终止用工关系，此外终止用工的用人单位无需向劳动者支付相应的经济补偿。

结合非全日制用工的特征可以对非全日制用工与全日制用工进行比较，具体比较如下：

比较项目	全日制用工	非全日制用工
劳动合同	应当订立书面劳动合同	可以订立口头协议
试用期	可以约定	不得约定
双重劳动关系	没有禁止，但存在法律风险	可以建立
工作时间	一般每日工作8小时、每周工作40小时。	一般平均每日工作时间不超过4小时，每周工作时间累计不超过24小时。
工资标准	不得低于月最低工资标准	不得低于小时最低工资标准
支付周期	按月发放	不得超过15日
解雇保护	法定条件、法定程序方可解约	随时解约
经济补偿金	有（根据法律规定支付）	无
社会保险	应当缴纳	目前只需缴纳工伤保险

表 3-2 全日制用工与非全日制用工比较

二、企业在非全日制用工操作过程中的注意事项

与全日制用工相比，非全日制用工更为灵活、便捷，便于操作。但员工在稳定性上却稍显不足，人员的流动性过于频繁，在企业的稳定发展以及业务的有效运行方面产生不利因素。所以企业在非全日制用工操作过程中需注意如下几点：

①明确与全日制用工的区别

非全日制用工在工作时间、劳动报酬的给付、劳动合同的签署与解除、社会保险的缴纳、劳动仲裁等方面均与全日制用工有着较为明显的差异，所以企业在实际操作过程中，要将非全日制用工的各个特征熟记于心。

②口头订立劳动合同不等于没有劳动合同

非全日制用工在订立劳动合同上较为灵活，规定了双方可以通过口头约定的方式订立劳动合同，简化了流程。不过口头约定不等于没有劳动合同，作为企业与员工在口头约定的过程中，依旧需要按照《劳动合同法》中，对于劳动合同应当具备的条款进行约定①，即：

1）用人单位的名称、住所和法定代表人或者主要负责人

2）劳动者的姓名、住址和居民身份证或者其他有效身份证件号码

3）劳动合同期限

4）工作内容和工作地点

5）工作时间和休息休假

6）劳动报酬

7）社会保险

8）劳动保护、劳动条件和职业危害防护

9）法律、法规规定应当纳入劳动合同的其他事项

此外在口头约定的过程中，建议双方可以通过微信、QQ、语音等电子存储方式，进行相应的信息留存，以便于今后出现问题有据可查。另外如员工希望签订劳动合同，则企业方需要与员工签订书面的劳动合同。

---

① 《劳动合同法》第十七条

③关注员工保障问题

在很多企业的思维意识中，非全日制的员工可以不缴纳社会保险，这个是不对的。其实只要是涉及到用工，企业就需要给员工缴纳社会保险，非全日制用工由于其在工作时间、工作时长上较为灵活，为了保障员工的安全以及企业的自身利益，所以一般情况下，企业需要给员工缴纳工伤保险，员工出现工伤后可以享受工伤保险的福利。对于养老、医疗方面的保险，员工可以根据自己的实际情况，自行进行缴纳。不过从企业自身用工安全以及由社保而引发的劳动仲裁案件来看，还是建议用工单位为非全日制的员工缴纳与全日制员工等同的社会保险，以规避相关的风险。

④一人多职需要明确责任主体

目前我国的相关法律并没有明确禁止多重劳动合同或劳动关系的出现，员工在一定条件下可以签订多重劳动合同，不过作为企业则需要明确的是，责任主体的所在方是谁。如果企业雇佣的非全日制员工在其他公司有全日制或非全日制的劳动合同，则在其工作过程中需要先明确相关的权责，避免造成权责混淆。

⑤做好员工管理方面的工作

由于非全日制员工来去较为自由，给企业在人员管理方面造成一定的困扰，所以需要企业在员工出勤、工作完成程度方面下一定的功夫，优化内部的管理流程并且规范相关的制度。

⑥操作有度、合规合法

很多企业参照非全日制用工的特征，对非全日制用工进行如下两种操作：

1）全职合同的非全职化

所谓全职合同的非全职化，顾名思义就是按照非全职合同的要求去签约全职合同，把全职劳动合同中涉及到的工作时间、工资标准、工资发放时间、社保缴纳等核心内容，均按照非全职劳动合同的要求进行更改。

2）非全合同+非全合同=全职合同

员工入职公司的时候跟公司的两个不同主体签订两份非全日制的劳动合同，两份合同按照非全日制的要求进行条款的设定与操作。

以上这两种操作方式，虽看似都有一定的道理，但实际是经不起推敲的。特别是涉及到相关劳动仲裁的时候，企业方依旧会存在被判定为：未按照要求签订劳动合同，以及未给员工正常缴纳社保的风险。所以企业在操作类似业务的过程中，需要考虑相关的风险，合法合规的操作才是正道。

三、非全日制用工与劳务用工的区别

非全日制用工由于其具有较为灵活的特性，并且在操作方式上与劳务用工具有一定的相似性，所以往往两者会产生一定的混淆。虽然两者都是用工，但其实是有较大区别的。

①法律适用主体不同

非全日制用工是一种用工形式，用人单位和劳动者之间形成的是劳动关系，受《劳动合同法》的规范和调整，所以双方不论是口头约定还是书面签约的合同，都属于劳动合同。

劳务用工关系，本质上讲它是一种商业合作的关系，并不属于劳动关系的范畴，它受《中华人民共和国民法通则》和《中华人民共和国合同法》的规范和调整。所以双方所签署的合同属于民事范围的劳务合同。

若劳动者在工作中出现相关的工伤与仲裁情况的话，则应分别按照《劳动合同法》与《民法通则》、《合同法》中的规定进行处理。

②劳动关系的主体不同

非全日制用工的用工方应是符合法定条件的用人单位（包括国家机关、事业单位、企业、社会团体或个体经济组织），受雇方必须是符合相关劳动条件的自然人。

劳务用工关系中，对于用工方与受雇方则无严格的要求，可以都是用人单位，也可以都是自然人。

③管理权限的不同

非全日制用工的劳动者隶属于用人单位，接受其管理，双方之间存在领导和被领导的关系。

劳务用工关系中，提供劳务服务的人员则不是用人单位的成员，不受用人单位规章制度的约束与制约，双方之间不存在领导和被领导的关系，双方是一种平等主体之间的关系。

四、非全日制用工在实际中的应用

非全日制用工作为灵活用工的一种形式，其实是广泛存在于我们日常的工作与生活之中的，兼职岗位则是首当其冲，很多人员利用工作的空闲时间从事其他公司的工作任务，一方面增加了自己的收入，另一方面也解决了其他公司的工作压力。不过也正是由于这种灵活、简便的操作方式，往往导致了企业与劳动者忽视了其在合作过程中对各自利益与风险的关注。下面以一个案例详细阐述，企业与劳动者在非全日制用工过程中的具体操作方式与注意事项。

案例：

> 某连锁餐饮店每天 11 点—15 点，为用餐高峰期，期间工作量增加，导致正式员工的工作已经饱和，故需临时增加数名服务人员以协助其完成工作。考虑到聘用正式员工在成本上压力较大，所以该店决定聘用非全职的员工。

思考：

·如果你是该店店长在聘用非全职员工的过程中，应如何操作？

·如果你要应聘该岗位，在与该店沟通以及实际工作当中应当有哪些注意要点？

实操：

★店面聘用员工的操作方式

1）明确工作岗位的信息

梳理该岗位的任职资格、工作内容、工作时间、工资待遇、相关福利等，便于让人员清晰地了解该岗位的相关信息。

2）与员工口头或书面签订相关劳动合同

双方在合同中明确相关的权利与义务，按照非全日制用工的特征，做好出勤时间、发薪日期、保险缴纳等相关的规定，此外还需要向劳动部门申请综合工时制。

3）制定关于该类员工的管理办法

拟定针对非全日制员工的管理办法与制度，并且严格执行，做到管理有章可循。

★员工需要注意事项

1）是否签订劳动合同

即使是口头约定的劳动合同，也要明确诸如工作时间、待遇、发薪日期、福利、员工保障等相关核心内容。

2）工作时间是否超时

每天工作4个小时，每周累计不超过24小时，超过规定工作时间的部分，则属于加班的范畴，需要支付加班的费用。

3）个人是否有保障

要求企业缴纳工伤保险，确保在工作过程中的人身安全。

该案例是对企业在直接聘用非全日制用工人员的过程中，企业方与员工方各自需要注意的事项的分析与总结。在实操过程中其实还有一种情况，就是企业方由于自身精力与成本方面的考虑，往往不会自己去操作，而是采取外包或者派遣的方式，借助劳务派遣单位操作，协助其完成人员的招募与管理等工作。若该案例中企业找寻劳务派遣单位协助其完成工作的话，则店面方、劳务派遣单位、员工在实操过程中又需要关注哪些要点呢？

★店面方核心关注

作为店面方，核心关注的就是选取的劳务派遣单位是否正规。

★劳务派遣单位操作方式

一般来说，劳务派遣单位主要是以服务企业与员工为主，所以一方面要确保企业的工作可以正常开展，另一方面也要对于自身招募的员工做好管理与工作规划的安排。

1）结合与店面方沟通的信息，分析岗位业务的工作时间与具体的工作内容。

2）找寻同类型的店面，做好相关工作岗位的替代准备。

3）与员工进行沟通，说明操作方式。

4）编排好工作排班表，合理规划员工的工作时间，做好员工管理以及人员储备的工作。

5）与员工签署劳动合同，缴纳工伤保险或商业保险。

★员工需要注意事项

由于员工是与劳务派遣单位签订合同，所以需要接受劳务派遣单位的管理，这就需要员工与劳务派遣单位进行沟通，明确其在工作中的一切利益。

当然一个案例不能将非全日制用工操作的细节全部覆盖，不过在非全日制用工的操作过程中有一条是必须谨记的，就是"所有的操作都必须遵照非全日制用工的特征"来执行，否则就会产生相应的用工风险。

第四部分：平台型用工篇

通过平台型的用工方式来操作灵活用工业务，目前在市场上是最为普遍的，一方面得益于目前国家在就业与创业方面的政策扶持，另一方面随着人们就业观念与就业态度的变化，越来越多的人希望从事更加自由与灵活的工作。与此同时，国家近几年逐渐加大了对相关社保等政策性费用的征收力度，导致越来越多的企业在人力成本上支出的增长。企业为了生存与发展也在不断地探索符合企业自身利益的用工方式，而平台型用工的出现则在某些方面迎合了企业的需求，从而进一步推进了平台型灵活用工的发展。接下来，笔者对平台型用工从政策、法律法规、市场认知等方面进行详细的说明。

一、操作背景

1.国家政策依托

国家对"双创①"的扶持，鼓励大众创业、万众创新，出台了诸多对于个体经济利好的政策，特别是在税收方面的减免政策。

2.企业经营压力

在目前企业普遍经营困难、利润下降的情况下，国家对社保

---

① "双创"首次提出于2014年9月夏季达沃斯论坛上李克强总理的讲话。

等相关费用的征收力度却逐年加大。所以企业为了生存，利用国家相关的政策，在一定的范围内进行了用工方式的新探索。

3.员工认知改变

目前越来越多的劳动者，特别是"90后"甚至"00后"的就业人员，对传统的就业与工作方式存在抵触的情绪，越来越多的人渴望相对自由、宽松、灵活的工作。

二、实操方式

1.业务再造

企业将一些工作重新进行梳理、再造，形成新的业务，并且将此类业务对外发布，寻找符合要求的业务承包商进行操作。

操作核心：将之前与员工劳动关系下的工作任务，以任务的方式分包出来。

2.身份转换

员工将身份转换，与企业的关系从过往的雇佣关系转变为与企业在业务承包下的合作关系。此时员工的身份看似是个体劳动者的工作形态，而实际上是作为独立公司的经营形态。

操作核心：从工资所得转换为在个体经营下的经营所得。

3.平台闭环

企业将自身的部分工作任务以业务发包的方式发布在平台上，平台通过自身的手段吸引有实力、有能力的个人来承接任务，完成任务后由平台给与结算，实现业务流程的闭环。

操作核心：通过平台完成任务流、合同流、发票流、税务流、资金流的统一。

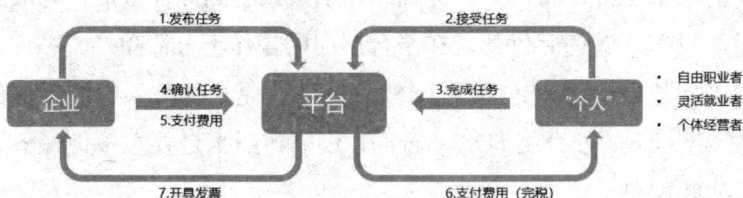

图 4-1 平台业务流程的闭环示意图

三、平台操作的优势

1.工作灵活、选择自由

企业可以结合自身的实际情况，灵活地发布工作任务，有能力且有经验的人员可以结合自身的实际情况，选择适合的任务，完成任务后通过平台结算。目前我国从事灵活用工平台较早的企业猪八戒网，就是采取此类模式。

图 4-2 猪八戒平台网络页面示例

2.操作简易、手续简单

不论是任务发布方还是任务承接方，操作起来均十分简易，仅需在平台上发布自身任务需求，承接人看到此任务后，完成交付，发布方满意后付款，在平台层面的操作十分简单。

此外由于任务是通过平台发布，不再是雇佣关系下的工作任务，所以双方不用签订劳动合同，仅需按照平台要求签订任务承接协议即可。

3.成本节约、合法操作

由于不存在工作隶属关系，所以作为任务发布方的企业，无需与个体（个人）签订劳动合同，所以这样也就可以节省下相关签订劳动合同后企业必须承担的社保、公积金、残保金等费用，节约了企业的实际用工成本。

此外个体（个人）方面的操作也有相关国家法律与政策的支持，在一定的范围内可以享受税收以及相关费用的减免，这也给此类业务的发展提供了空间。目前国家对于个体经营的税收政策主要有：

★<u>针对个体工商户、个人独资企业的税收政策</u>
★<u>针对小微企业税收优惠的政策</u>
★<u>各地对于自然人核定征收的相关的政策</u>

四、平台操作的注意事项

1.合同合规性

（1）《发包方与平台方业务外包合同》在合同中需要关注如下几点：

★<u>外包工作的名称与内容：确定好外包业务的名称，此名称需要与发包方的主营业务相对应，发包方的经营活动或在相关生产工序中应有对应的业务工作。</u>

★<u>外包业务完成成果的条件：需要确认好完成任务的成果要求，确定好相关的标准，并做好相应结果展示的留存。</u>

★<u>外包业务的结算方式：确认好结算方式，一般结算方式为完成任务后按日、按月、按次进行结算。</u>

★<u>相关的权责说明：合同中明确双方的责任与权利，划分好各自的职责。</u>

（2）《平台方与自由职业者分包合同》

此类合同是平台与自由职业者签约的分包合同，多以线上合同为主。自由职业者核心关注点为平台的合规性与安全性。

2.平台合规性

（1）业务流合规

核心关注发包方的业务是否为其公司内部的相关业务，以便确保业务的真实性。此外应将业务的详细内容体现在合同中。

（2）身份明确

目前发现有部分的灵活用工平台打着灵活用工的旗号，通过将员工的身份进行转换，来达到规避相关费用支出的目的。此类操作均属于违规操作，企业应尽量避免相应的操作，以免在税务以及社保稽查的时候给自身造成损害。

（3）平台规范

平台需要有相应的经营资质方可从事相关的业务开展工作。此外在系统建设方面也需规范，确保各方的利益。

3.财务安全性

（1）现金流的安全性

★平台与发包方之间的资金，双方需确认好付款时间、结算金额、结算周期等，确保资金能安全地到达平台，部分公司为了确保资金的安全，会采取共管账户的方式进行资金的管控与监督。

★平台与自由职业者之间的资金，确保资金能够快速地到达自由职业者的个人账户上，且金额准确。

（2）票据合规性

在保证相关票据真实的前提下，还需关注如下两点：

★平台与发包方的增值税纳税身份

平台与发包方在合作之初需要明确各自的增值税纳税身份，发包方是否可以抵扣相应的增值税税款，平台方一般情况下可以开具何种类型的发票。

增值税纳税身份	票面税点	增值税附加税	票据	开票税目
小规模纳税人	3%	按平台方所在地的政策执行	增值税专用发票或增值税普通发票	按照平台方营业执照的经营范围对应开具
一般纳税人	6%			

表 4-1 平台方增值税发票开票方式

★平台与自由职业者之间相关票据的规范

自由职业者由于此时的身份相当于"企业"，所以在承接任务并且完成后需要给平台开具发票。目前较为常见的操作为：平台为自由职业者注册个体工商户、个人独资企业，为自由职业者代开发票，处理好相关的票据。

需要注意的是平台如为个人代开相关的发票，需取得各地政府认可的代开资格与资质，方可进行操作。

此外，涉及到自由职业者的完税证明，也需平台进行处理，所以作为发包方还需核心关注自由职业者给平台开具的发票以及平台给自由职业者开具的完税证明，以确保业务的合规性。

4.法律安全性

由于平台经济在我国刚刚起步，相关针对平台型用工的法律条款存在一些滞后性，特别是涉及个人人身安全与保障的问题，相关的法律存在一些解释上的模糊。所以自由职业者在通过平台进行工作的时候，需关注个人切身利益，明确出现问题后的责任主体。此外发包方与平台方也需同时关注相关的法律法规，在相关法律的框架下，拟定合同条款，规范各自的操作。

很多企业在灵活用工业务的操作过程中，关注点都集中在"灵活"上，而不关注就业与岗位的本身情况。这样的"灵活"就给了企业很大的想象与操作空间。

此类的"灵活"看似合理实则存在很大的争议，就比如通过灵活用工平台进行员工身份转换之后，再通过平台给员工发佣的这种操作，看似将员工的身份转换后，员工与企业的雇佣关系转变成了与企业的合作经营关系。但是员工依旧是之前的员工，企业依旧是之前的企业，此种操作是否合法，目前还存在很大的争议。此外，员工与企业从雇员关系变成合作经营关系，员工的利益如何得到保障，出现工伤、劳动仲裁的争议后应如何处理，目前我国法律还没有明确。各地在出现此类案件后，各地法院对此类案件的判罚也不尽相同。还有就是员工身份转换后，会对企业现有的组织、文化、管理等方面造成一定程度的冲击，企业如何重组内部结构、员工如何重新自我定位，这也是值得深思的。

第五部分：灵活用工与灵活就业篇

通过对灵活用工的概念以及几种表现形式的详细介绍，相信大家对灵活用工有了一定的了解。不过随之而来，产生了一个疑问，那就是"灵活用工"是否等于"灵活就业"呢？看似相似的两个概念，是否可以划等号呢？

目前，从我国国家层面的立法到相关政策的宣导，均提倡与鼓励人们采用多种方式灵活地进行就业，以达到稳定就业、保障民生的目的。国家宣导的采用灵活的就业方式，是站在劳动者的角度去制定的就业政策与策略。而当前"灵活用工"的概念则是在新时代背景下"劳动力市场化"的一种表现。

所以"灵活用工"与"灵活就业"在本质上不属于同一概念。由于这两个词较为相似，而且"灵活用工"这个概念被相关机构与企业"炒"得比较热，导致很多人员把"灵活用工"与"灵活就业"这两个概念等同看待，这显然是不对的。

一、灵活就业

1.灵活就业的定义

灵活就业[①]，是相对于正规就业而言的一种就业形式。从其表现方式上看，有非全日制就业、小时工、零工、临时性就业、阶段性季节工等。灵活就业与正规的就业相比，在劳动关系的处

[①] https://baike.baidu.com/item/灵活就业人员/4489158?fr=aladdin

理、工资报酬的支付、社会保险的缴纳和就业服务的支持等方面，均有所不同。

目前随着我国经济的转型与社会形态的变化，人们的就业观念与就业心态正在发生改变。此外，企业内部的组织形态也随着人们对工作观念与就业心态的改变，发生着相应的变化。在组织中，企业与雇员打破了双方传统的雇佣关系，组织内部向着合作经营的方向逐渐发展。

目前，"灵活就业"能够被大众所接受，首先就是其可以解决就业问题，固然人们的就业观念与心态在变化，但我国目前的就业压力依旧巨大，人们在没有找到稳定的工作之前，选择灵活的方式就业，也是阶段性解决就业的一种方式。我国著名人力资源行业专家李天国博士认为："灵活就业的最终目的，是为了今后可以稳定长期的就业"。

2020 年年初，新冠疫情肆虐全球，给全世界造成了巨大的经济损失。我国政府为了稳定民生，迎合广大企业的诉求，也在积极地探索"共享用工"的可行性与操作性。"共享用工"的核心是将企业中部分非核心岗位的员工，安排到其他公司的同等岗位上进行工作，以达到企业节约用工成本、协助员工增加收入、帮助彼此共享员工的企业解决用工需求的目的。企业之间员工共享政策的逐渐放开，体现了我国政府对于"灵活就业"政策的支持。

2020 年，国务院办公厅就支持多渠道灵活就业，颁布了第 27 号文件。（内容详见附录六）

2.灵活就业人员的社会保险

国家针对灵活就业人员制定了相应的政策，使得灵活就业人员的社会保障权益可以得到保证。

灵活就业人员享受社会保险补贴，必须按规定进行就业登记、以个体身份参加社会保险，按规定缴费基数按时足额缴纳社会保险费。

灵活就业人员缴纳社会保险费的规定缴费基数是：基本养老保险按上一年所在城市职工月平均工资的60%、70%、80%、90%、100%作为缴费基数；基本医疗保险将上一年所在城市职工月平均工资作为缴费基数。确定相应的缴费基数后，再按照缴费的比例进行缴纳。

二、灵活用工与灵活就业的区别

通过对"灵活用工"与"灵活就业"的总体分析来看，"灵活用工"不等于"灵活就业"，它们两者有着本质上的区别，具体区别如下表：

维度	灵活就业	灵活用工
国家层面	国家倡导、国家鼓励、政策支持	有相应的支持，还属于探索阶段
立法层面	有相关的法律与法规以及政策支撑	来源于市场，属于商业领域的范畴
实操层面	属于劳动者就业范畴的领域,劳动者可以按照自身情况,有选择性地采取不同的就业方式	企业自身行为,企业方结合自身的情况,选择最利于企业的用工方式

表 5-1 灵活用工与灵活就业的区别

从两者的区别来看，"灵活用工"跟"灵活就业"两者从国家层面、立法层面、实操层面均不在一个维度上，所以两者从根本上也就不是同一概念，不能混为一谈。不过"灵活用工"与"灵活就业"的根本目的是为了稳定经济与促进就业，核心点最终还是在工作方式的本身与人们的就业心态上。这需要企业方与员工方共同努力，才能让灵活用工的业务更加规范，灵活就业的形式更加深入人心。

三、企业与员工在灵活用工与灵活就业背景下的新思维与新探索

虽然"灵活用工"与"灵活就业"在某些方面并不新鲜，但随着时代与社会的不断进步，两者也都迎来了不同程度的发展。在这个过程中，需要企业方与员工共同作出改变，才能跟上时代的变化。

1.企业方的努力方向与改善思路

（1）推动企业组织改革与业务改革，重组企业内部结构；

（2）非核心部门与岗位进行业务外包与分包或内部承包方式操作；

（3）利用相关政策在财务、税务方面进行优化处理；

（4）完善合伙人机制并制定相应的管理办法；

（5）建立健全内部的风险管控规则。

在探索企业内部改革的道路中，我国目前人力资本行业的专家方晓老师，从传统的人力资源行业出发，探索出了从人力资源管理服务平台向人力资本经营平台改革的道路。其具体的理论框架为：

◇企业内部建立合伙人制度，合作经营共同发展

◇建立共享服务中心，信息与资源共享

◇人力资源部转型，从职能性转为经营性

在实操过程中，充分利用人力资本运行红利、共享经济红利以及政策税收红利，以达到改革的目的。

2.员工方的努力方向与改善思路

（1）做斜杠青年，利用"课余时间"增加收入；

（2）自由职业，来去自由，不受约束；

（3）过渡性就业，后期依旧要找到稳定的全职岗位；

（4）成为企业合伙人，共同经营企业；

（5）自我创业，实现价值。

不过作为员工方，在灵活就业的过程中，还需要考虑如下几点问题：

★个人人身安全问题

不论采取任何就业方式，都不能忽视个人人身安全问题，在工作中要确保岗位与任务的发布方可以提供相应的安全说明与安全规范的培训。

★个人社会保险问题

社会保险是灵活就业的重要组成部分，不能因为"灵活"就不关注个人利益问题，灵活就业的人员可以按照国家的相关规定，缴纳针对灵活就业人员的社会保险，以保障自身的利益。

★身份隶属关系问题

核心把握住"就业"这个关键词，只要是涉及到就业，就涉

及与雇主方的劳动关系与身份认定的问题，明确是劳动关系还是劳务关系亦或是合作关系，便于出现问题后，可以按照不同的身份关系，采取不同的解决办法。

"灵活用工"与"灵活就业"是在经济环境的变化与人们社会观念的改变过程中兴起并发展的，它们区别于之前稳定且固定的劳动关系，很多学者将其称为"非典型劳动关系"，在非典型的劳动关系下，劳动者与用人单位的法律关系变得越来越复杂，非典型劳动关系与民事劳务关系的界限越来越模糊，这样就造成了出现相关劳动仲裁后，法院在判决的过程中，难以适用传统典型的劳动关系的法律法规的情况。

但"灵活用工"与"灵活就业"在现阶段是我国社会化用工与就业的重要组成部分，传统的劳动者与单一用人单位之间的劳动关系，逐渐演变成为劳动者与多个用人单位之间的多重劳动关系，或者演变成合作经营、协作发展的经营关系势必是一个趋势。在此过程中需要国家从立法层面、行业规范层面、政策支持层面共同突破，才能使"灵活用工"与"灵活就业"的操作更加合法合规，保证各方的利益。未来，"灵活用工"与"灵活就业"将走向何处，我们拭目以待。

知识链接[1]：

新就业形态政策梳理

近年来，随着数字技术的快速发展，共享经济、平台经济等新业态和商业模式脱颖而出，并为灵活就业创造大量机会。特别

[1] 滴滴发展研究院

是新冠肺炎疫情爆发以来，灵活就业受到社会各界的广泛关注。发展"新就业形态"有利于拓宽就业渠道、增强就业弹性、增加劳动者收入，是做好"六稳"工作、落实"六保"任务的重要内容。我们对2015-2020年间"新就业形态"相关政策进行了梳理，以便更好把握政策脉络，进一步发挥新就业"稳定器"和"蓄水池"的作用。

2020年5月23日

习近平总书记指出，新冠肺炎疫情突如其来，"新就业形态"也是脱颖而出。要顺势而为。当然这个领域也存在法律法规一时跟不上的问题，当前最突出的就是"新就业形态"劳动者法律保障问题，保护好消费者合法权益问题等。要及时跟上研究，把法律短板及时补齐，在变化中不断完善。

2020年5月28日

李克强总理表示，"现在新业态蓬勃发展，大概有1亿人就业。我们的零工经济也有2亿人就业。不仅要采取更多扶持政策，而且要打破那些不合理的条条框框，让更多新就业岗位成长起来。"

2015年5月
《国务院关于大力发展电子商务加快培育经济新动力的意见》

鼓励电子商务领域就业创业，将未进行工商登记注册的网络商户从业人员认定为灵活就业人员，享受灵活就业人员扶持政策，其中在网络平台实名注册、稳定经营且信誉良好的网络商户创业者，可按规定享受小额担保贷款及贴息政策。

2015年7月

《国务院关于积极推进"互联网+"行动的指导意见》

充分发挥互联网的创新驱动作用，发展便民服务新业态。发展共享经济，规范发展网络约租车，积极推广在线租房等新业态，着力破除准入门槛高、服务规范难、个人征信缺失等瓶颈制约。发展基于互联网的文化、媒体和旅游等服务，培育形式多样的新型业态。

2015年10月

《中共十八届五中全会公报》

"实施更加积极的就业政策，完善创业扶持政策，加大对灵活就业、新就业形态的支持力度"，这是"新就业形态"这一概念的首次提出。

2016年3月

《2016年国务院政府工作报告》

"加强对灵活就业、新就业形态的扶持。"

2016年7月

交通运输部等七部门《网络预约出租汽车经营服务管理暂行办法》

对平台司机的户口、车辆牌照和车辆要求等资格进行了规定。

2016年7月

《国务院办公厅关于深化改革推进出租汽车行业健康发展的指导意见》

给予网约车合法地位，支持网约车平台公司不断创新规范发展，明确平台公司应承担的承运人责任、具备的营运条件和需规范的经营行为。

2016年11月
人力资源社会保障部等多部委《关于开展东北等困难地区就业援助工作的通知》

提出移动出行专项帮扶活动计划，鼓励网约车平台——滴滴出行以河北、山西、辽宁、吉林、黑龙江等省试点城市受煤炭和钢铁工业去产能影响的工人或失业工人提供就业援助。

2017年3月
《2017年国务院政府工作报告》

"完善就业政策，加大就业培训力度，加强对灵活就业、新就业形态的支持，今年高校毕业生795万人，再创历史新高，要实施好就业促进、创业引领、基层成长等计划，促进多渠道就业创业。"

2017年4月
《国务院关于做好当前和今后一段时期内就业创业工作的意见》

推动平台经济、众包经济、分享经济等创新发展，鼓励创业创新发展的优惠政策面向新兴业态企业开放，支持劳动者通过新兴业态实现多元化就业，完善适应新就业形态特点的用工和社保等制度。

2017年7月
国家发改委等八部委《关于促进分享经济发展的指导意见》

指出分享经济能够有效地提高社会资源的利用效率，方便人民的生活，并强调了"鼓励创新，包容审慎"的分享经济调控原则，这一原则意味着，政府将鼓励分享经济的创新，同时以宽容和审慎的方式监管该领域。

2017 年 10 月
人力资源社会保障部《人力资源服务业发展行动计划》

实施"'互联网+'人力资源服务行动"，推动人力资源服务各业态和互联网的深度融合，支持人力资源服务企业运用互联网技术探索开展跨界服务模式。更大的市场空间与国家政策的大力推动将加速灵活用工行业的蓬勃发展。

2018 年 3 月
《2018年国务院政府工作报告》

提出运用"互联网+"发展新就业形态。

2018 年 8 月
《中华人民共和国电子商务法》

将微商从业者、直播卖货、网红卖货等各种通过互联网从事销售商品与服务的自然人、法人和非法人组织定义为"电子商务经营者"。该法进一步明确了B2B电商网站经营者的资质资格要求。

2018 年 9 月

国家发展改革委等多部门《关于发展数字经济稳定并扩大就业的指导意见》

　　强调数字经济的发展应着眼于增加就业，改善产业结构，加快劳动者技能向数字化技能的转化，并要求政府推动劳动法律法规的完善，制定与新业态有关的劳动政策，切实保护工人的权益。

2018 年 10 月

《中国工会十七大报告》

　　"推动适应新业态的用工和社保制度，建立健全互联网平台用工等新就业形态劳动标准体系。"

2019年2月

国家卫健委《关于开展"互联网+护理服务"试点工作的通知》《"互联网+护理服务"试点工作方案》

　　确定在北京市、天津市、上海市、江苏省、浙江省、广东省6省市进行"互联网+护理服务"试点。《方案》对平台主体资格、护士资历等作出了严格的规定。

2019 年 3 月

《2019年国务院政府工作报告》

　　坚持包容审慎监管，支持新业态新模式发展，促进平台经济、共享经济健康成长。加快在各行业各领域推进"互联网+"。

2019年4月

《降低社会保险费率综合方案》

对灵活就业人员参加养老保险做出规定，"个体工商户和灵活就业人员参加企业职工基本养老保险，可以在本省全口径城镇单位就业人员平均工资的60%至300%之间选择适当的缴费基数。"

2019年8月

《国务院办公厅关于促进平台经济规范健康发展的指导意见》

探索适应新业态特点、有利于公平竞争的公正监管办法。本着鼓励创新的原则，分领域制定监管规则和标准，在严守安全底线的前提下为新业态发展留足空间。要鼓励发展平台经济新业态，加快培育新的增长点，促进平台经济、共享经济等新模式、新业态向各领域渗透，创造新职业、新工种和新岗位。

2019年12月

《国务院关于进一步做好稳就业工作的意见》

提出支持灵活就业和新就业形态，支持劳动者通过临时性、非全日制、季节性、弹性工作等灵活多样形式实现就业。启动新就业形态人员职业伤害保障试点，对就业困难人员享受灵活就业社会保险补贴政策期满仍未实现稳定就业的，政策享受期限可延长1年，实施期限为2020年1月1日至12月31日。

2020年3月

《国务院办公厅关于应对新冠肺炎疫情影响强化稳就业举措的实施意见》

支持多渠道灵活就业。合理设定无固定经营场所摊贩管理模式，预留自由市场、摊点群等经营网点。支持劳动者依托平台就业，取消灵活就业人员参加企业职工基本养老保险的省内城乡户籍限制，对就业困难人员、离校2年内未就业高校毕业生灵活就业后缴纳社会保险费的，按规定给予一定的社会保险补贴。

2020 年 4 月
国家发展改革委、中央网信办《关于推进"上云用数赋智"行动培育新经济发展实施方案》

实施灵活就业激励计划。推动大力发展共享经济、数字贸易、零工经济，支持新零售、在线消费、无接触配送、互联网医疗、线上教育、一站式出行、共享员工、远程办公、"宅经济"等新业态，疏通政策障碍和难点堵点，鼓励发展共享员工等灵活就业新模式。

2020 年 4 月
国家发改委"培育数字经济新业态、鼓励灵活就业"

开展数字经济新业态培育行动，在卫生健康、教育等领域培育新业态，实施灵活就业激励计划，降低灵活就业门槛，鼓励创新创业。支持互联网企业、共享经济平台建立各类增值应用开发平台、共享用工平台、灵活就业保障平台。面向各类灵活就业者，提供多样化就业服务和多层次劳动保障。

2020 年 5 月
人力资源社会保障部《关于开展新就业形态技能提升和就业促进项目试点工作的通知》

将浙江、广东、湖北、山东等7个省15个地区列为全国首批新就业形态技能提升和就业促进项目试点地区。

2020 年 5 月
《2020年国务院政府工作报告》

"我国包括零工在内的灵活就业人员数以亿计，今年对低收入人员实行社保费自愿缓缴政策，涉及就业的行政事业性收费全部取消。"

2020 年 5 月
人力资源社会保障部、国务院扶贫办"数字平台经济促就业助脱贫行动"

以"平台经济促就业脱贫增收奔小康"为主题，旨在依托数字平台经济企业，努力减轻新冠肺炎疫情影响，为贫困地区建档立卡贫困劳动力和农民工集中提供一批灵活就业、居家就业、自主创业、务农增收机会。该行动将从5月下旬持续到9月底。

第六部分：业务操作篇

通过对灵活用工的概念以及灵活用工各种形式的详细介绍，从中不难发现，不论是劳务派遣、劳务外包、非全日制用工还是平台型用工，其核心都会涉及到社保、公积金、工资、个税等相关具体业务的实操。这些操作看似简单，但在实操过程中依旧会发现很多从业人员在操作上存在一定的问题，所以还是有必要对其操作方法与注意事项进行了解的。

一、社会保险

社会保险[①]是指一种为丧失劳动能力、暂时失去劳动岗位或因健康原因造成损失的人口提供收入或补偿的一种社会和经济制度。社会保险的主要项目包括养老保险、医疗保险、失业保险、工伤保险、生育保险。其中养老保险包括：城镇职工基本养老保险、城乡居民基本养老保险、个人灵活就业养老保险。医疗保险包括：城镇职工基本医疗保险与城乡居民基本医疗保险。所以企事业单位给员工缴纳的"五险"应该为：城镇职工基本养老保险、城镇职工基本医疗保险、失业保险、工伤保险、生育保险。

目前市场上，针对社会保险部分的操作主要集中在企事业单位给员工缴纳的"五险"上，合法合规的操作好社保方面的业务，关乎员工的切身利益，所以相关人力资源行业的从业人员在社保方面的操作要特别注意。

[①] https://baike.baidu.com/item/社会保险/73529?fr=aladdin

1.社保操作过程中的注意事项

（1）社会保险开户登记

目前在派遣与外包的业务中，派遣或外包员工都是跟劳务派遣单位或外包公司签订劳动合同，相关的社会保险均由劳务派遣单位或外包公司自身的账户进行缴纳，所以一般情况下劳务派遣单位或外包公司不大会涉及此类业务的操作。

目前劳务派遣单位或外包公司进行此类操作的目的，主要是为了解决客户两个方面的问题：

①指定区域开户

客户与员工在缴纳社保上有区域的要求，或客户注册地的相关部门对于客户缴纳社保的区域有相应的要求，所以需要在指定区域开设新的分支机构，并设立新社保账户。

②人手与精力问题

有些客户为了开发新市场的业务，需在新的城市开设新的分支机构，但由于客户人手有限，同时对当地的政策不甚清楚，所以需要找相关的机构与组织协助其完成分支机构的注册与社会保险开户的工作。

（2）社保开户过程中的注意事项

①资料不全

在提交社保开户申请材料时，相关经办人员不知道需要准备哪些材料，或不慎丢失相关材料，或未能齐全地提交相应的材料，影响社保开户登记。

②流程不熟悉

相关经办人员不了解社保登记证的领取流程，在未查询社保登记证编码、未经事先预约的状况下，就去领取社保登记证，造成时间和精力的浪费。

所以在进行社保开户之前，要提前准备好相关的资料，可以在当地的政务网站上进行查询，或电话咨询当地的社保部门，避免由于资料不齐全、流程不熟悉而导致不能正常开户。

目前各地均开通了网上社保开户的办理业务，在网上操作的过程中，尽量先阅读相关的操作流程，按照相关操作说明，准备好相应的资料。避免由于不了解相关网上操作的流程而造成操作失误，导致不能顺利开户。

（3）社保基数的采集与核定

社保基数是指职工在一个社保年度的社会保险缴费基数，分为单位缴费部分与个人缴费部分。

单位缴费部分以本单位上年度全部职工的工资总额作为当年社会保险（基本养老保险、基本医疗保险、失业保险、工伤保险、生育保险）单位缴费基数。单位缴费基数不得低于全部参保职工同期个人缴费基数之和。

个人缴费部分以本人上年度月平均工资收入作为当年的社会保险缴费基数。月平均工资收入低于全省、省会与直辖市上年度在岗职工月平均工资 60% 的，按 60% 计算；超过 300% 的部分不计入缴费基数。

目前在派遣与外包的业务中，劳务派遣单位或外包公司多会按照最低基数进行费用的收取与缴纳，此种操作对于一些员工工资低于上年度在岗职工月平均工资的岗位来说，在操作上是没有问题的。但如果员工工资高于上年度在岗职工月平均工资，此种操作则会存在一定的风险，原因是"社保入税"后，税务部门会依照企业员工工资发放的情况，来判定企业在社保缴纳上是否存在问题，所以在实操过程中应尽量将员工工资与社保缴费基数保持一致。

（4）参保人员的增加、减少申报

核对参保人员的增加与减少是企业与劳务派遣单位或外包公司在业务合作过程中非常重要的一个环节，企业每月按照核对的人头数，给劳务派遣单位或外包公司支付相应的社保费用，劳务派遣单位或外包公司与企业核对好当月人数后，进行增减员的操作，确保人数的准确，保证社保每月的正常缴纳。

参保人员的增减操作虽然比较简单，但在操作的过程中还是会遇到一些问题，其中最常见的问题有：未按规定时间办理增减申报、未按规定流程进行增减申报、增减申报信息填写错误、增减申报不成功等。

常见问题	原因
未按规定时间办理增减申报	相关经办人员未能及时了解参保人员增减申报时间，未按照规定时间办理增减申报，导致逾期不能办理。
未按规定流程进行增减申报	相关经办人员未按规定流程进行增减申报，导致参保人员增减申报业务不成功。
增减申报信息填写错误	相关经办人员由于工作疏忽，导致增减申报信息填写错误，以致出现错误申报。
增减申报不成功	相关经办人员操作失误或错误，导致增减申报不成功，引起客户单位及其员工的不满。

表 6-1 社保增减员过程中常见问题与原因

此外在参保人员的增加、减少申报过程中还需要注意如下几点：

①确保参保人员增减资料清点审核的准确性

相关经办人员需要认真核对人员的在离职名单，确保数据的准确性，避免由于资料审核的不齐全从而给所在的劳务派遣单位或外包公司和合作客户带来违法的风险。企业需要让劳务派遣单位或外包公司每月定期提供社保的缴纳证明，再进行自身的核对，进一步确保业务的安全性。

②确保增减员信息的准确性

相关诸如参保人员的姓名、身份证号、联系电话、工资标准、缴费标准等信息，需要认真核对，有些劳务派遣单位或外包公司利用表格进行管理，存在表格网上"漫天飞"的情况，很容易造成数据被修改或缺失的情况，所以在确认过程中需要特别注意。

派遣单位或外包公司	相关经办人	社保中心	客户方

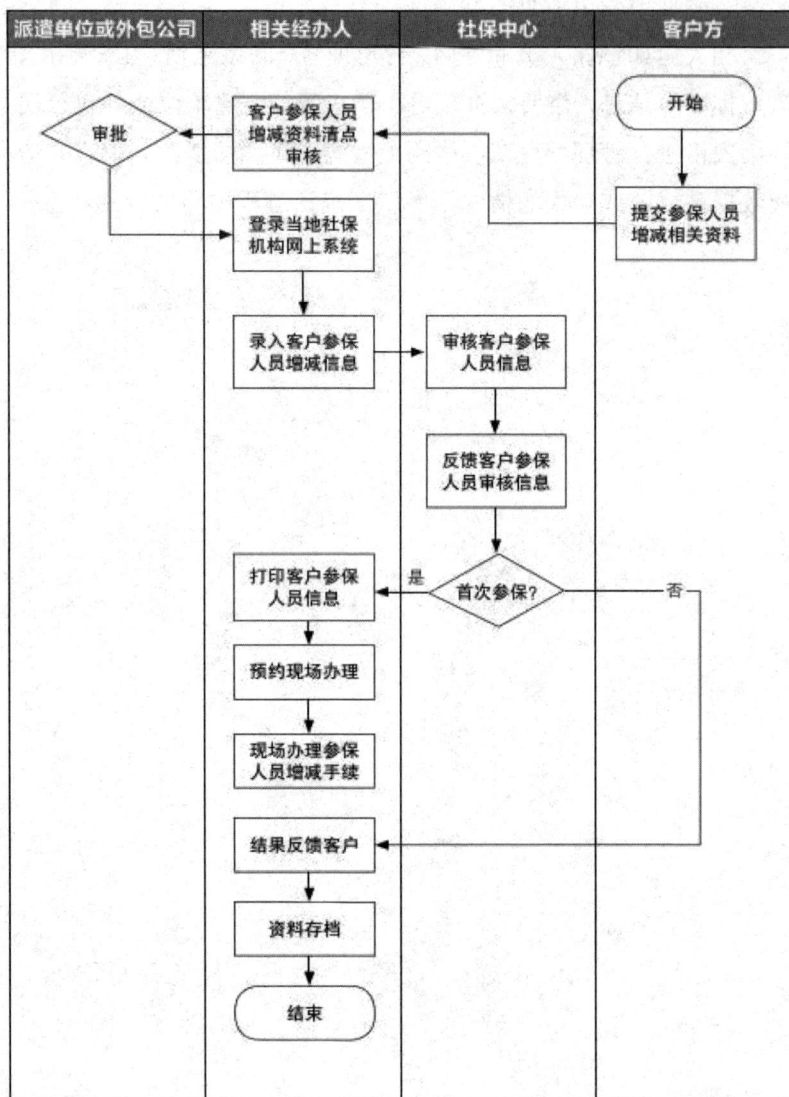

图 6-1 社保增减员流程

（5）参保人员的社保补缴流程

在劳务派遣与外包的业务中，经常会遇到劳务派遣单位或外包公司为员工进行社保补缴的操作，在补缴过程中相关经办人需注意如下几个方面的问题：

①补缴依据不明晰的问题

当前由于适用的社保政策法规比较繁杂，而且各地关于社保补缴的政策也在不断地变化与调整，这就造成了相关经办人员在处理社保补缴时，出现无法可依的情况。所以相关经办人员要及时了解所在区域的社保补缴政策。

②员工身份与劳动关系不明的问题

补缴社保的前提是需要与补缴的员工建立真实的劳动关系，如果无真实的劳动关系，或者是单纯的无劳动关系的社保代缴，则无法补缴。

③社保中断不能补缴的问题

目前社会保险的相关法律法规规定，只有因单位原因造成的漏缴与断缴才能进行补缴，因个人原因断缴的不能补缴社保。所以如因劳务派遣单位或外包公司原因应缴却未缴相关社保费的，相关经办人方可代其向人力资源和社会保障部门提出书面补缴申请，经批准确认后，再补缴相关的社保费。如果是因员工个人原因中断社保要求补缴的，相关经办人应该向其解释不可补缴的原因。

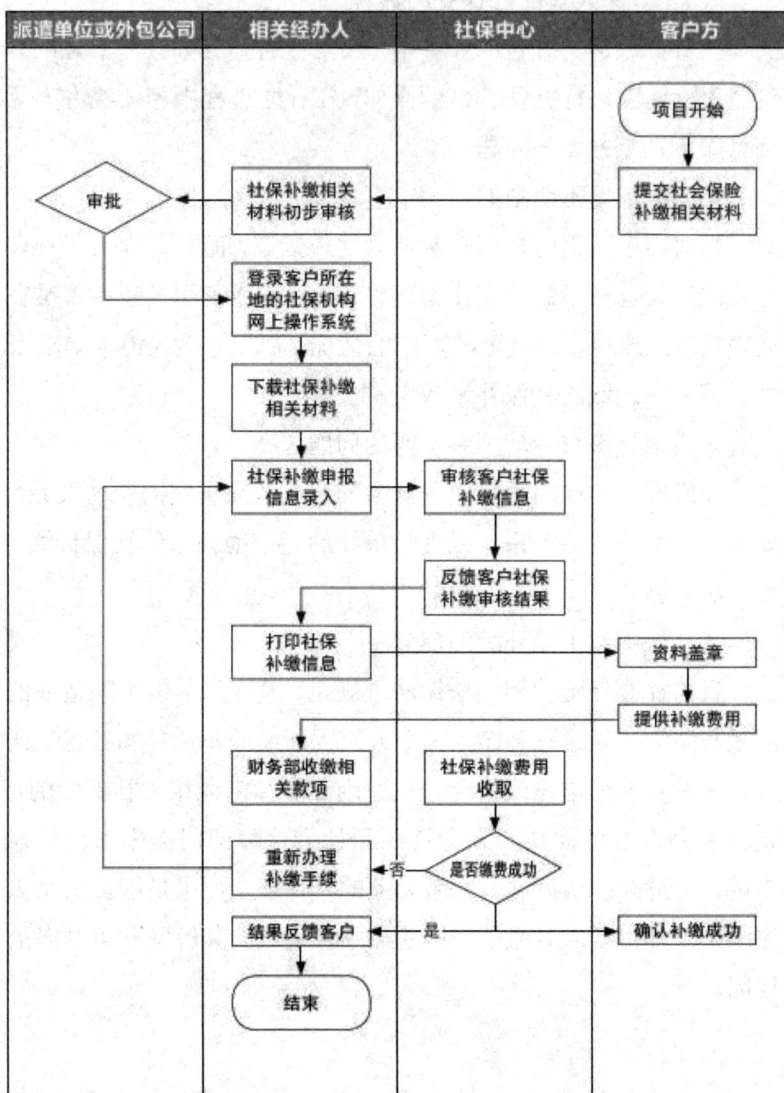

图 6-2 社保补缴流程

（6）参保人员社保关系转移流程

社保关系的转移多发生在员工工作城市变化的阶段，劳务派遣单位与外包公司应为客户的员工处理相关社保关系转移的工作。

在社保转移的过程中，相关经办人员应先了解员工社保的缴纳情况，如果员工存在社保欠缴的状况，则应先清缴欠款，才能办理社保转出手续。所以在操作社保关系转移之前，应先了解客户员工社保欠缴与中断的情况。在完成相关的确认后，相关经办人员向当地社保机构提供社保转入的材料，在提交材料的过程中，要确保材料符合相关的规定与要求。

由于社保关系转移涉及不同城市、不同省份的社保政策，所以操作上相对复杂与繁琐，相关经办人员在操作过程中，需要注意如下问题：

①养老保险账户规范问题

员工转移社保关系，很大的一部分因素，是养老保险关系的转移，这关系到员工将来退休时的个人待遇问题。所以准确地核对员工个人账户中的缴费明细，对于养老保险的接续十分重要。相关经办人员在社保转移的过程中，要确认社保转出区域的个人账户是否规范。

②社保转移时限问题

根据《城镇企业职工基本养老保险关系转移接续暂行办法》规定："参保人员在新就业地按规定建立基本养老保险关系和缴费后，由用人单位或参保人员向新参保地社保机构提出基本养老保险关系转移接续的书面申请。"

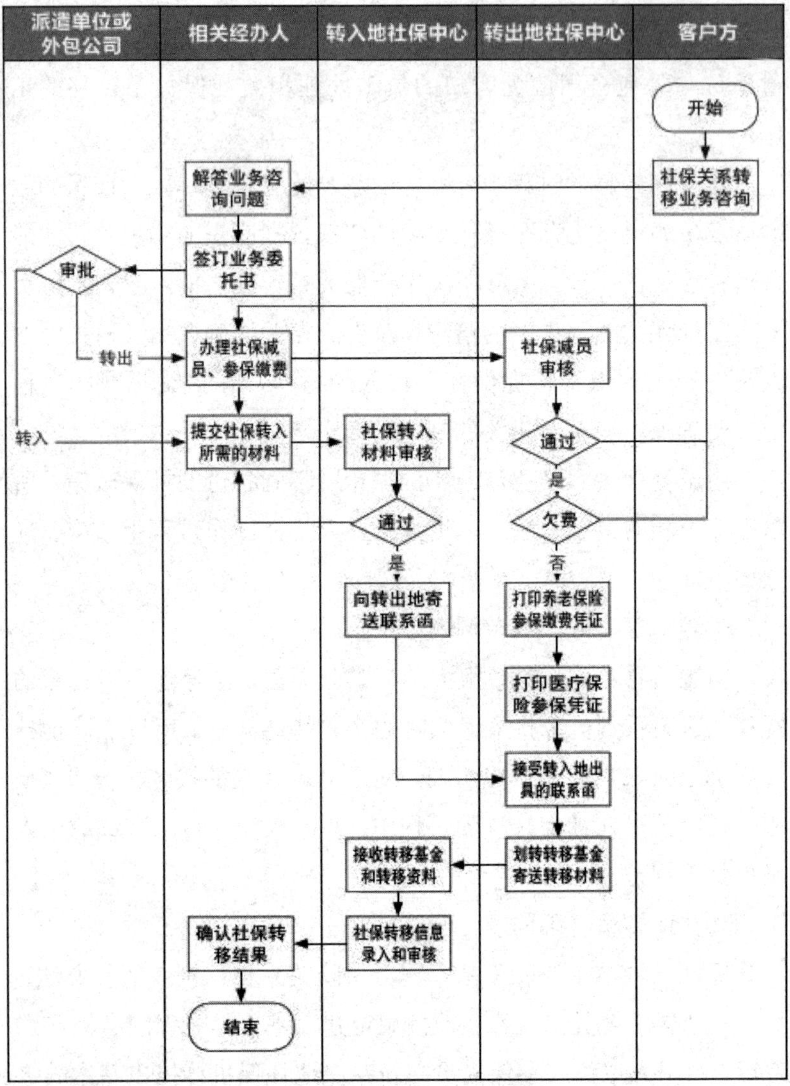

图 6-3 社保关系转移流程

2.医疗保险操作过程中的注意事项

劳务派遣单位与外包公司协助员工操作医疗保险的相关事宜，这在派遣与外包的业务操作中是较为常见的环节，特别是医疗费用报销的操作，它涉及员工的切身利益，所以劳务派遣单位与外包公司的相关经办人，在操作过程中需要特别注意。目前在操作过程中遇到的较为常见的问题有如下几点：

（1）对各地医保政策不了解，造成相关材料提交不齐全

目前我国各地方的医保政策不尽相同，在操作的过程中很容易发生由于相关资料不齐全而导致审核不合格，最终导致不能通过医疗费用报销审核的情况。所以相关劳务派遣单位与外包公司要不断地给相关经办人员开展相应的培训，此外还需及时了解各地方的医保政策。

（2）对于医保政策的不了解，造成相关费用无法顺利报销

目前只有在医保范围内的相关治疗费用、药品费用才能通过医保进行报销，而往往很多人对于医保的报销范围又不甚了解，从而导致医保的费用无法顺利报销。所以劳务派遣单位与外包公司需要加强此方面的培训与宣导，并告知相关经办人员与员工，以确保员工的利益。

（3）异地就医不能正常报销，导致用工单位与员工利益受损

目前民营企业中的派遣与外包员工多为非工作所在地户籍的员工，部分劳务派遣单位与外包公司为了节约成本，对非工作所在地户籍的员工多采取缴纳异地保险的操作，以达到降低成本的目的。这种在异地缴纳的保险，往往在报销过程中存在一些问题，给员工造成一些障碍。所以涉及到异地就医、异地报销的情况，劳务派遣单位与外包公司要先了解当地的医保政策并结合政

策梳理好相关的操作规范，并及时告知员工与企业。

（4）缴纳保险的时效性的问题

企业与劳务派遣单位及外包公司还需要关注缴纳保险的时效性，避免由于没有及时缴纳医保而导致员工不能正常使用。出现断缴的情况需要及时为员工进行补缴处理，如果由于是劳务派遣单位与外包公司操作失误造成的，企业可以找劳务派遣单位与外包公司进行索赔，如果是由于企业付款不及时导致劳务派遣单位与外包公司不能正常缴纳的，则企业应自行承担相应的后果。

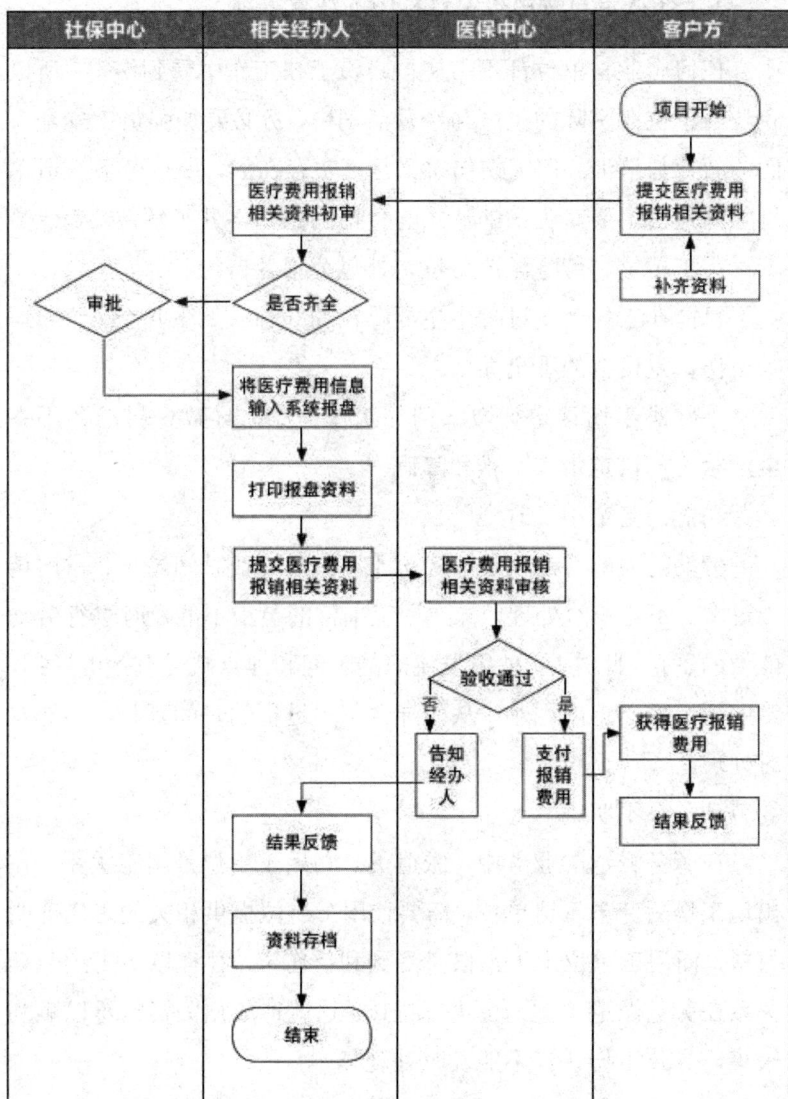

图 6-4 医保报销流程

3.工伤认定与费用报销过程中的注意事项

任何企业与单位都不希望自身员工在工作中受到伤害，所以企业与单位在实际的生产与经营活动中，务必要加强员工安全方面的教育与培训。但工伤伤害又是真实存在的，所以劳务派遣单位与外包公司要对工伤的认定与费用的报销格外了解，以确保员工、用工单位、劳务派遣单位与外包公司各自的利益。

目前在工伤认定过程中主要存在的问题有如下几个方面：

①工伤认定资料的不全面

不熟悉工伤认定行政部门的工作程序，导致资料准备不齐全，给工伤认定带来困难和障碍。

②劳动能力鉴定不及时

劳动能力的鉴定往往程序过于复杂、耗费时间过长、占用精力过多、不能及时处理，导致用工单位的员工不能及时进行劳动能力的鉴定。此外，一些突发疾病的时间和地点缺乏有效的证据，给取证造成一定的困难，从而导致鉴定过程的时间延长，不能及时处理。

③劳动关系不明确

在劳务派遣的业务中，派遣员工与用工单位是用工关系，在出现工伤后劳务派遣单位，需要让用工单位提供相关的工伤证明材料，而用工单位由于怕自身受到利益伤害，往往以员工的劳动关系在劳务派遣单位为由进行推诿，这就造成相关资料难以顺利采集，导致工伤认定不能及时处理。

由于目前很多外包业务在操作上违规的情况较多，形成了"假外包"的情形，看似是外包业务，实则为派遣或其他业务，导致了员工劳动关系的更加不明确。

④资料提交环节不充分

　　劳务派遣单位与外包公司在提交工伤认定申请时，相关资料或证据不足，可能导致工伤认定申请不能及时受理。

⑤对劳动能力鉴定结论不认可

　　对劳动能力鉴定委员会做出的鉴定结论不认可，一般情况是用工单位或劳务派遣单位与外包公司认为鉴定过重，而员工认为鉴定较轻，这样就会向上级劳动能力鉴定机构申请重新鉴定。

⑥工伤费用报销不及时

　　工伤费用报销资料提交不及时、不全面、不恰当，以及填报过程中出现纰漏，导致员工不能及时开展工伤费用报销手续的办理。

　　针对以上六个方面的问题，劳务派遣单位或外包公司的相关经办人要做到熟悉各地工伤认定的流程与办事程序，与各地工伤部门的负责人多沟通，维持好关系。此外劳务派遣单位与外包公司内部要形成规范的工伤认定处理流程，将一些必要的表格与文件提前汇总并整理好，做到有备无患。此外还要对相关法律充分地了解与学习。

　　最后还需强调的是，不论是劳务派遣单位或外包公司还是用工单位都要加强对于员工安全生产方面的培训与教育，防患于未然，毕竟谁也不希望出现工伤事故。

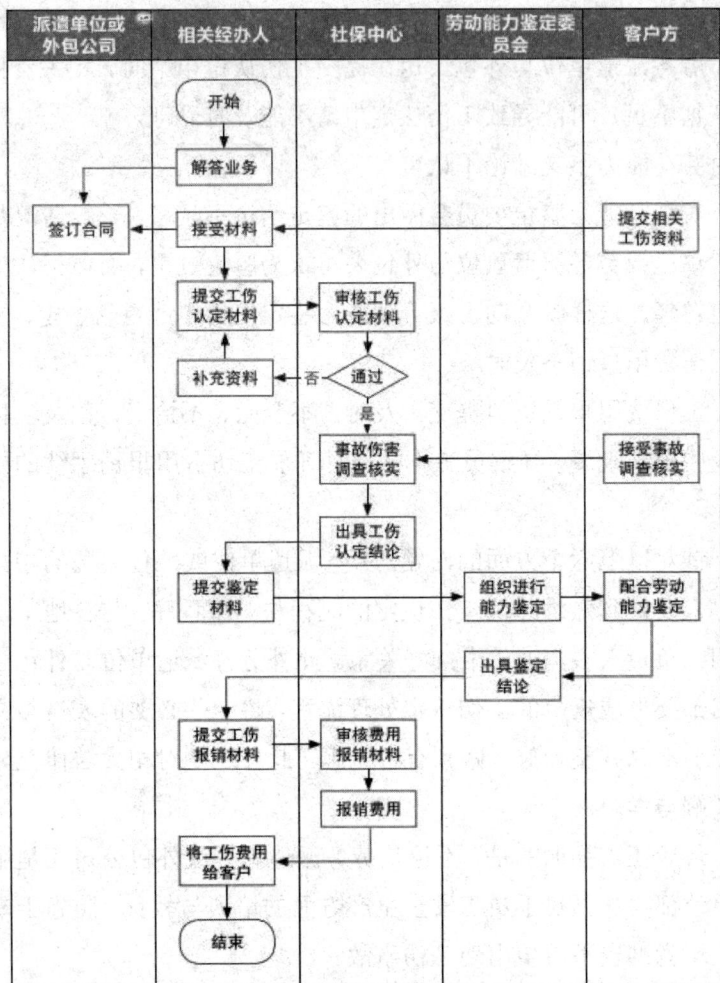

图 6-5 工伤认定与费用报销流程

4.生育医疗费报销和生育津贴申领过程中的注意事项

劳务派遣单位与外包公司在执行项目过程中，往往会涉及到员工特别是女性员工生育医疗费报销与生育津贴申领的操作。不过我国各地关于生育医疗费报销和生育津贴领取的规定不尽相同，所以在操作过程中需要关注如下几个方面：

（1）生育保险报销材料是否齐全

因每个人生育情况的不同，生育保险费用报销所需材料也有所不同，如果相关经办人员不了解生育保险和计划生育等相关政策，就无法提供正确且齐全的材料，导致生育医疗费报销和生育津贴申领不下来。

（2）生育保险费用报销资料提交是否及时

劳务派遣单位与外包公司的相关经办人员未按照相关规定提交资料，或提供的资料超过报销期限，以及未按照生育保险报销的标准、时间、流程等进行操作，导致生育医疗费用不能报销，造成员工个人利益的损失。

（3）生育保险报销标准是否符合

员工不符合生育保险报销标准，例如生育保险缴费未满各地规定的可以享受生育保险的期限或超过员工生育保险报销的时间等因素。

（4）报销流程是否规范

目前生育保险报销分为门诊费、住院生产费和生育津贴三部分报销，各部分费用的报销流程不尽相同。住院生产费在医院结账时，医院会走报销程序进行结算；门诊部分和生育津贴必须由相关经办人代员工手工报销，否则不能报销。

针对以上问题，作为劳务派遣单位与外包公司则要充分了解各地生育保险的相关规定，并且及时告知相关备孕员工，确保其能知晓相关的规定。此外还要做好女性"三期"员工的心理辅导，合理安排其工作，确保女性"三期"员工的利益。

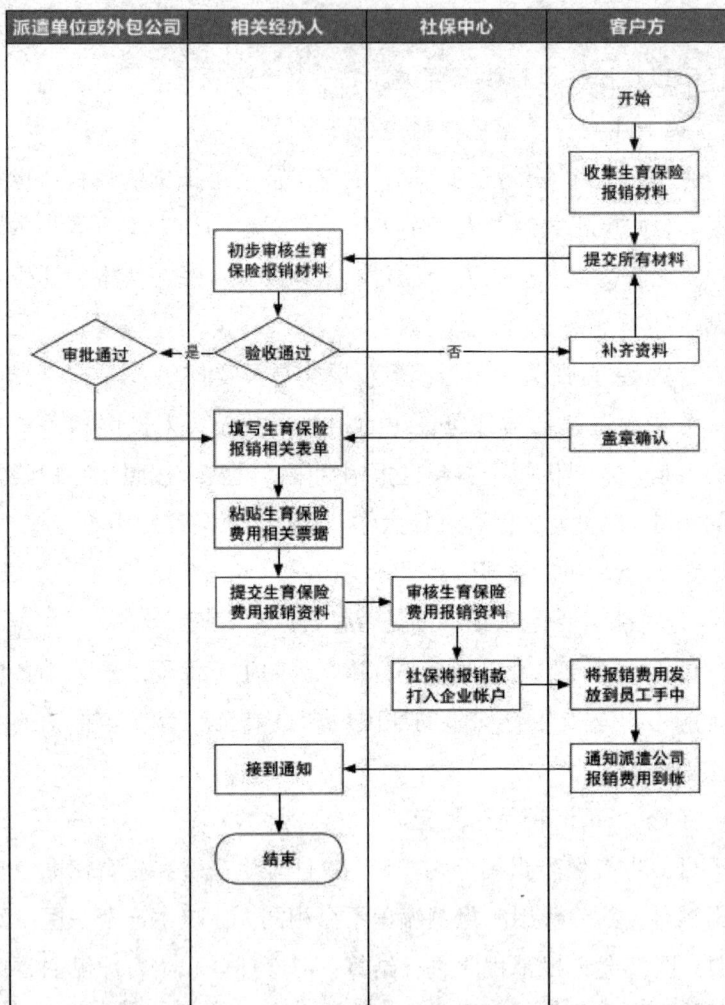

图 6-6 生育医疗与生育津贴申领流程

5.失业保险金领取过程中的注意事项

失业保险的操作主要集中在失业保险金领取材料审核、失业保险待遇核定手续的代办、失业保险金申领手续的代办三个部分，每个部分操作不当均会造成员工无法顺利领取失业保险金的情况。在失业保险的处理过程中要核心关注如下几个方面：

（1）相关材料的真实性

劳务派遣单位与外包公司的相关经办人员，需要充分了解员工失业的具体情况，并且提供真实、可查证的资料，特别是如解除劳动合同证明等相关材料，务必保证其真实性。

（2）失业保险金的领取条件

根据国家社保相关规定，有符合以下条件方可领取失业保险金[①]。

◇参加失业保险，且缴费满一年

◇非本人意愿中断就业

◇已经进行失业登记，并有求职要求的

◇在规定时间内申请，并且报送相关的资料

（3）失业金停发的情形

每月劳务派遣单位与外包公司的相关经办人员需要提醒失业员工向社保中心如实报告其目前的求职状态、就业情况和培训经历等情况，履行申领失业保险金签字手续，避免失业保险待遇被停发。

①《失业保险条例》第十四条

如果失业员工在领取失业保险金期间有下列情形之一的，将停止领取失业保险金，并同时停止享受其他失业保险待遇：[①]

◇重新就业的

◇应征服兵役的

◇移居境外的

◇享受基本养老保险待遇的

◇被判刑收监执行或者被劳动教养的

◇无正当理由，拒不接受人力资源和社会保障行政部门指定的职业介绍服务机构介绍的工作的

◇有法律、行政法规规定的其他情形的

[①] 《失业保险条例》第十五条

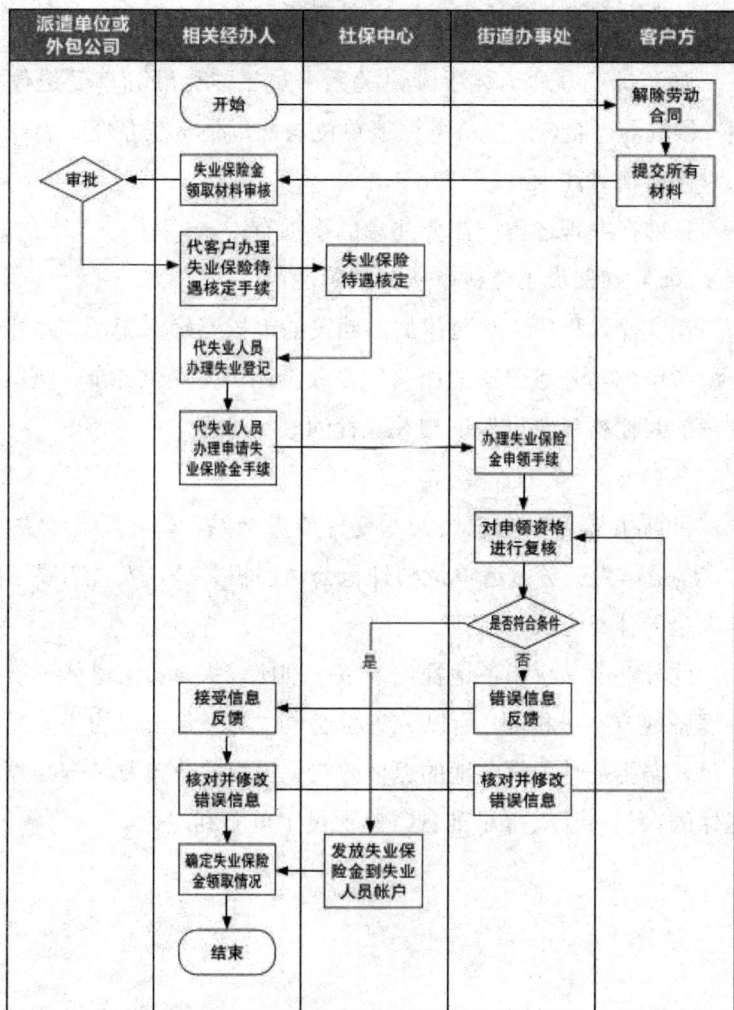

派遣单位或 外包公司	相关经办人	社保中心	街道办事处	客户方
	开始			解除劳动合同
审批	失业保险金领取材料审核			提交所有材料
	代客户办理失业保险待遇核定手续	失业保险待遇核定		
	代失业人员办理失业登记			
	代失业人员办理申请失业保险金手续		办理失业保险金申领手续	
			对申领资格进行复核	
			是否符合条件	
		是	否	
	接受信息反馈		错误信息反馈	
	核对并修改错误信息		核对并修改错误信息	
	确定失业保险金领取情况	发放失业保险金到失业人员帐户		
	结束			

图 6-7 失业保险金领取流程

6.退休手续办理过程中的注意事项

协助员工办理退休手续，关系着员工能否顺利享受退休待遇、领取养老金，所以劳务派遣单位与外包公司在办理此类业务的时候要格外注意。

目前在办理过程中需要注意的事项有：

（1）确保员工资料审核的准确性

在实操过程中，对退休员工档案的审核要确保无误，此外劳务派遣单位与外包公司的相关经办人员还需要提供齐全、规范、准确的其他材料，以保证相关流程的顺畅进行。

（2）养老金的计算

目前虽然可以通过相关的软件或者网站计算出养老金的金额，但是作为劳务派遣单位与外包公司的相关经办人员需要了解养老金的计算方式与规则。

此外，由于我国各地社保政策差别比较大，员工退休手续的办理各地方不尽相同，所以劳务派遣单位与外包公司的相关经办人员，需要及时了解各地的退休政策，将相关政策及时告知临近退休的人员，让其提早准备，确保员工可顺利退休。

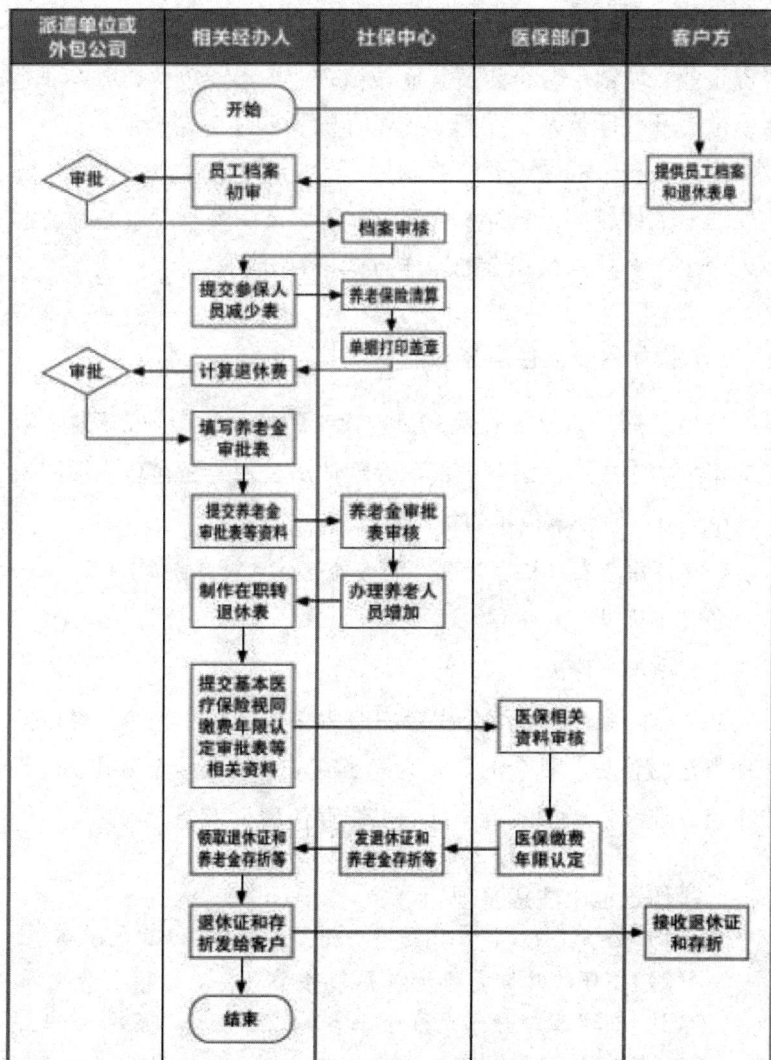

图 6-8 退休与养老金申领流程

二、住房公积金

住房公积金是指国家机关、国有企业、城镇集体企业、外商投资企业、城镇私营企业及其他城镇企业、事业单位、民办非企业单位、社会团体及其在职职工缴存的长期住房储金。

住房公积金的缴纳具有强制性，目前各地在住房公积金的操作处理上大体相同，下面参照天津市住房公积金管理中心发布的相关规定，对住房公积金的操作方式进行介绍。

1.单位如何建立住房公积金制度

各单位应自设立之日起30日内，到各单位注册地或营业地所在的市公积金中心区县管理部，办理住房公积金缴存登记手续。

单位开户登记需提供的材料为：

◇单位信息表（柜台领取，加盖单位公章或财务章）

◇营业执照副本

◇经办人身份证

建立单位账户后，市公积金中心为单位发放单位卡，单位应在按月汇缴住房公积金的同时为职工建立住房公积金账户，并且以按月、连续汇缴形式为全部职工缴存住房公积金。

操作过程中注意事项

（1）必须在规定时间内进行登记，不要超过规定的时间

（2）办理的时候需要资料携带齐全

（3）办理业务的网点可登录各城市住房公积金管理中心的门户网站进行查询

2.劳务派遣单位如何为派遣员工办理公积金缴存登记

劳务派遣单位应以派遣单位名义办理缴存登记手续，如因派往不同单位等原因，需分别管理的，可办理多个登记手续，登记单位名称可按劳务派遣单位名称处理。

劳务派遣单位办理缴存登记需提供如下资料：

◇提供本单位《营业执照副本》《开户行许可证》等相关申请资料

◇在《单位信息表》的"人员类型"勾选"派遣至其他单位用工"

◇在《单位信息表》背面填写实际用人单位的单位名称以及统一社会信用代码

> **操作注意事项**
>
> 如果是为外包业务中的员工办理公积金缴存的登记，外包公司可以直接按照正常单位为员工办理公积金缴存的方式进行操作。

3.如何设置和修改单位卡密码

单位办理缴存登记后，当时领取单位卡并设置密码。持卡办理住房公积金业务时需输入密码进行验证。

若需修改单位卡密码，可持单位卡到管理部或分管中心修改密码；遗忘单位卡密码的，应持单位卡及单位经办人二代身份证到管理部或分管中心办理密码挂失手续。

> **操作注意事项**
>
> 密码设置后，单位的相关经办人员应严格保密，切忌密码外泄。

4.哪些情况下应办理单位信息变更登记

单位信息发生以下变化后，则需要办理单位信息变更登记：

◇单位名称变更

◇注册地址变更

◇通讯地址变更

◇单位经办人变更

◇联系电话变更

操作注意事项

只要涉及到在单位注册过程中必须填写部分的变更，单位公积金的信息都需要做变更处理，以保证信息的同步性。

5.单位信息变更所需资料

（1）《XX市住房公积金单位信息登记表》（可到开立单位账户的分中心或管理部领取，填写完毕后加盖单位公章或财务章。）

（2）单位信息变更证明文件

◇单位名称、注册地址、执照信息变更的，提供《营业执照副本》或相关变更证明文件

◇从属单位统一社会信用代码发生变更的，提供从属单位《营业执照》原件或复印件一份

◇无统一社会信用代码单位或上级单位统一社会信用代码信息变更的，提供上级单位《营业执照》原件或复印件一份及隶属关系证明原件

注：在管理部开户的单位可到任一管理部办理；在分中心开户的单位到分中心办理。

操作注意事项

务必准备好相关的资料与证件，此外相关表格的填写可参照范本规范填写。

6.哪些情况下应办理单位注销登记

有分立、合并、破产、解散、撤销、吊销等情况，则单位批准终止。在单位主体终止前由原单位、主管部门或清算组织办理注销。单位注销登记操作方法与所持资料如下：

◇单位账户注销登记表

◇单位终止证明文件

◇单位分立、合并的，提供单位批准设立文件及分立、合并后单位《营业执照副本》

◇单位破产、解散、撤销的，提供人民法院破产核定或各级部门批准文件或工商注销登记等证明文件

◇单位被营业吊销的，提供工商管理部门吊销营业执照文件

◇单位批准终止(退出市场)的，提供上级单位批准终止文件

◇由主管部门、清算组织为已终止单位办理注销登记的，应分别提供注销单位隶属关系证明、清算组织证明

操作注意事项

务必准备好相关的资料与证件，此外相关表格的填写可参照范本的要求，进行填写。

7.单位办理销户时员工账户如何处理

单位符合条件的可直接办理注销登记手续，单位内全部职工账户自动封存。职工与新单位建立劳动关系的，新单位可直接将职工账户启封转入单位。

操作注意事项

员工的公积金账户处于封存状态，入职新单位建立劳动关系后，新单位需要为职工进行启封，以便能缴纳公积金，确保职工可以正常使用。

8.新职工如何开立住房公积金账户

单位应在按月汇缴公积金时，通过职工新开户为其建立公积金账户。单位要准确填写职工姓名和身份证号码，公积金中心将对职工身份信息进行联网核查，因特殊原因无法联网核查的，单位应提供该职工身份证的复印件。

此外，如出现职工个人信息发生变更的，单位或职工本人应持加盖单位印章的《个人信息变更登记表》到分中心或管理部办理个人信息变更手续。（单位已办理住房公积金注销登记或工商部门出具的注销证明，或上级单位证明文件可确认单位已终止的，由职工个人办理的，《个人信息变更登记表》可不加盖单位印章。）

操作注意事项

在操作过程中要认真核对职工的所有身份信息，确保信息的准确性。

9.单位如何为职工缴存住房公积金

单位应在每月发薪日后五日内按月汇缴。若有职工少缴欠缴的，应办理个人补缴业务。办理的途径可分为：分中心或管理部柜台办理与通过公积金网上业务系统办理。

根据资金的支付方式可分为以下两种情况：分中心、管理部业务柜台办理缴存手续的，可通过提交支票或委托划转方式支付。网上缴存的，只能通过委托划转方式进行支付。其中单位采取委托划转方式支付资金的，需要事先与中心签订相关划款协议。

如单位缴存人员与上月相比没有变化，需在缴存汇总表上填写单位名称、单位代码、汇缴年月、本月汇缴(包括人数、缴存金额)、合计及缴存金额合计，单位办理缴存额调整业务后办理汇缴时需填写调整差额项。填写完毕后加盖单位公章或财务专用章。

如单位缴存人员与上月相比增加，需了解职工以往是否开立过住房公积金账户，未开立账户的办理新开户，开立账户的办理启封。新开户的填写新开户职工姓名、身份证号码、缴存基数、新开户月缴额；启封的填写个人代码(公积金联名卡上12位号码)、职工姓名、身份证号码、缴存基数、启封月缴额。此外还需在《XX市住房公积金缴存变更及个人补缴清册》上填写单位名称、单位代码、汇缴年月及缴存比例，并根据新开户、启封汇总人数和缴存金额填写到《XX市住房公积金单位缴存汇总表》相应栏次。填写完毕后加盖单位公章或财务专用章。

如单位缴存人员与上月相比减少，单位与职工中止工资关系的，单位应为其办理封存业务减少汇缴人员；职工在单位汇缴前已办理销户提取的，当月汇缴人员自动减少，为其办理封存手续；

职工未办理销户提取的，单位可在按月汇缴同时或在按月汇缴前单独办理封存手续，封存职工应填写职工个人代码、姓名、身份证号码、封存原因，封存原因为"解除劳动关系"的，需提供相关资料证明。

操作注意事项

单位要在每月固定时间内将资金打入指定账户，确保账户资金充足。尽量不要出现断缴或漏缴的情况，以免给职工在使用上造成不必要的麻烦。

10.单位为部分或个别职工补缴住房公积金应如何办理

个人补缴可与按月汇缴一同办理，也可单独办理。需提供以下资料：

◇单位卡（单位卡处于挂失期间的提供单位经办人身份证原件）

◇缴存汇总表（加盖印章）

◇缴存变更以及个人补缴清册（加盖印章）

操作注意事项

应核算好补缴的金额，并在规定时间内操作。

11.单位与职工解除劳动关系应如何办理住房公积金停缴手续

单位与职工解除劳动关系后，办理住房公积金停缴手续时需提供如下资料：

◇解除劳动关系证明

◇单位卡（单位卡处于挂失期间的提供单位经办人身份证原件）

◇缴存汇总表（加盖印章）

◇缴存变更以及个人补缴清册（加盖印章）

操作注意事项

单位与职工解除劳动关系后，应第一时间办理公积金封存与停缴手续。

12.公积金网上业务办理范围有哪些

单位可通过各地的住房公积金网上业务办理系统办理以下业务：

◇公积金(补充公积金、按月住房补贴)的封存、汇缴及个人补缴业务

◇公积金缴存额调整业务

◇为职工申制公积金联名卡业务

◇变更单位经办人身份信息及手机号码

◇为职工办理15升18位身份证号的个人信息变更业务

操作注意事项

明确可在网上办理的相关业务，可提高办事与工作效率。

13.公积金缴存比例与基数

（1）公积金缴存比例

国家机关、事业单位及其职工的住房公积金缴存比例按单位

与个人各 11%或各 12%的比例缴存住房公积金。其他单位可根据自身情况，在 5%-12%间自主确定单位和职工的缴存比例。生产经营困难单位，可以申请将缴存比例降低至 5%以下或缓缴住房公积金。

（2）公积金缴存基数

缴存基数为上年度职工个人月均工资总额，此外缴存基数会设上下限，不得低于最低缴费基数，不得高于最高缴费基数。单位在每年 1 月 1 日至当年 6 月 30 日期间新招用职工和新调入职工住房公积金缴存基数，为职工本人在新单位缴存首月的全月应发工资，不再重新核定。其中工资总额包括：计时工资、计件工资、奖金、津贴和补贴、加班工资以及特殊情况下支付的工资。

三、个人所得税

个人所得税属于个人收入的调节税，2019 年 1 月 1 日起，我国开始实施新修订的《中华人民共和国个人所得税法》，新修订后的《中华人民共和国个人所得税法》，较之前在操作上有很大的不同，给许多人力资源行业的相关从业人员在工作上带来一些困扰。其主要表现在，企业如何给员工每月核算相应的扣减基数，综合所得如何合并计算，年底如何进行汇算清缴等方面。下面笔者结合《新个税法》的相关规定，将目前在工作中主要涉及到的个人所得税的计算方式进行解释与说明。

1.新个税修正案要点

我国新个税法修正后较比之前有很大的调整，，核心表现在如下九个方面：

（1）明确居民定义与判定标准

（2）调整了所得的分类

（3）调整并优化了税率级距

（4）提高了综合所得的基本减除费用标准，取消了附加减除费用的项目

（5）设立了专项附加扣除项目

（6）调整纳税申报制度

（7）建立离境税务清算机制

（8）多部门协同责任与信用信息系统建立

（9）引入个人反避税条款

目前绝大多数人力资源行业的相关从业人员遇到的问题主要是如何对第2、3、4、5、6项进行操作，很多从业人员对于这五个方面的调整，存在认知与理解上的偏差，从而导致在操作过程中出现失误。而第7、8、9项，这三个方面的调整距离相关从业人员的实际业务操作较远，所以这三个方面不作为本书讲解的重点。第1项关于明确居民定义与判定标准的部分，其核心是对于居民身份与非居民身份的认定，目前绝大多数从业人员接触的操作，大多是在居民身份下进行的操作，本部分主要是针对居民身份下的个人所得税操作的讲解，不涉及非居民身份人员的个税操作[①]。

2.个人所得税征收范围说明

个人所得税法调整后，个人所得税从过往的分类税制过度到了分类税制+综合税制，具体调整后的征收范围如下图所示：

[①] 非居民身份人员的个人所得税操作方式，可到国家税务总局官网查询或阅读相关资料进行学习。

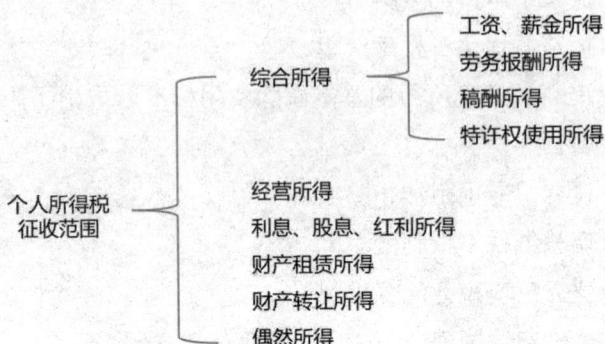

图 6-9 个人所得税征收范围

针对不同的征收项目，又规定了相应征收项目下的征收范围，具体参见下表：

序号	项目	范围
1	工资、薪金所得	个人因任职或者受雇而取得的工资、薪金、奖金、年终加薪、劳动分红、津贴、补贴以及与任职或者受雇有关系的其他所得。
2	劳务报酬所得	个人独立从事设计、安装、制图、医疗、会计、法律、咨询、讲学、投稿、翻译、书画、雕刻、电影、戏剧、音乐、舞蹈、杂技、曲艺、体育、技术服务等项劳务的所得。
3	稿酬所得	个人因其作品以图书、报刊形式出版、发表而取得的所得。
4	特许权使用费所得	以专利权、版权及其他特许权利提供他人使用或转让所取得的收入。
5	经营所得	1) 个体工商户从事生产、经营活动取得的所得，个人独资企业投资人、合伙企业的个人合伙人来源于境内注册的个人独资企业、合伙企业生产、经营的所得； 2) 个人依法从事办学、医疗、咨询以及其他有偿服务活动取得的所得； 3) 个人对企业、事业单位承包经营、承租经营以及转包、转租取得的所得； 4) 个人从事其他生产、经营活动取得的所得。
6	利息、股息、红利所得	个人拥有债权、股权等而取得的利息、股息、红利所得
7	财产租赁所得	个人出租不动产、机器设备、车船以及其他财产取得的所得
8	财产转让所得	个人转让有价证券、股权、合伙企业中的财产份额、不动产、机器设备、车船以及其他财产取得的所得
9	偶然所得	个人得奖、中奖、中彩以及其他偶然性质的所得

表 6-1 个人所得税各项具体范围明细表

目前阶段多数劳动者都还是依靠工资、薪资所得作为其获取个人收入的主要途径，大多人力资源行业相关的从业人员也多是服务于此类的人员。而《中华人民共和国个人所得税法》修正后将工资、薪金所得划归到个人综合所得，在个税计算规则与方式上有了不小的改变，很多从业人员一时间不能充分理解新的计算规则，在工作上造成了一定的障碍。

此外，近几年我国提倡与鼓励个体创业，大力发展个体经济，带来了个体经济的繁荣，使得个体经营下的经营所得激增。前文灵活用工篇提到的平台型用工，就是在国家鼓励个体经营的前提下蓬勃发展的。所以综合所得的计算方式也是许多从业人员需要了解与掌握的。

而利息、股息、红利所得，财产租赁所得，财产转让所得，偶然所得，这四项所得虽在企业给员工代缴个人所得税的操作中不常见，但跟每个人的切身利益是息息相关的。作为个体，则有必要了解其计算与扣缴的方式。

3.个人所得税扣除项目

在计算个人所得税之前，需要先了解相关可以进行税前扣除的费用，具体减除费用如下：

◇基本减除费用

◇专项扣除费用

◇专项附加扣除费用

◇公益慈善事业捐赠费用

◇依法确定的其他扣除费用

（1）基本减除费用

基本减除费用，是最为基础的一项减除费用，设置定额的扣除标准。按照新修订后的《中华人民共和国个人所得税法》规定，居民个人在一个自然年度的基本减除费用为 60000 元（5000 元/月）。此项减除费用具有普惠性，它对全体居民个人适用，在我国境内所有的居民个人，在一个自然年度内均可以享受 60000 元的减除政策。

（2）专项扣除费用

目前我国个人所得税规定的专项扣除有如下几个方面：

★基本养老保险费用

按实际所得缴纳，超过缴付标准的计入个人当期工资、薪金收入，计征个人所得税。

★基本医疗保险

按实际所得缴纳，超过缴付标准的计入个人当期工资、薪金收入，计征个人所得税。

★失业保险

按实际所得缴纳，超过缴付标准的计入个人当期工资、薪金收入，计征个人所得税。

★住房公积金

住房公积金管理条例：单位和个人不超过职工工作地所在设区城市上一年度职工平均工资的 3 倍。缴纳比例不得超过 12%，超过部分计入当期工资、薪金收入，计征个人所得税。

常听企业说给员工缴纳五险，但是为什么员工扣除的是三险呢？

《中国人民共和国社会保险法》：职工应当参加工伤保险、生育保险，由用人单位按照国家规定缴纳，职工不缴纳。

由此可见员工跟企业共同承担的社会保险费用为基本养老保险、基本医疗保险、失业保险，而工伤保险、生育保险是由企业承担的，所以企业给员工承担的是五险的费用，而员工则仅需承担三险的费用。

此外用人单位缴纳的工伤保险与生育保险可以在计算企业所得税的时候进行扣除。

（3）专项附加扣除

专项附加扣除是个人所得税法修订后新增加的部分，具体的扣除项目有子女教育、继续教育、大病医疗、住房贷款利息、住房租金和赡养老人共计六项，这六项又可以归纳为三个部分，其中子女教育与继续教育可以划归为教育部分，住房贷款利息与住房租金可以划归为住房部分，大病医疗与赡养老人可以划归康养部分。教育、住房、康养目前是我国居民在生活中核心关注的问题，由此可见专项附加扣除是充分考虑了国计民生后，制定出来的。

图 6-10 个人所得税专项附加扣除

①子女教育、继续教育

◆**子女教育**

子女教育专项附加扣除规定，每个家庭中每个子女每年可扣除 12000 元，即每月每个子女 1000 元的标准。其中子女包含婚生子女、非婚生子女、继子女。子女教育中的教育分为学前教育与学历教育，其中学前教育包括年满 3 岁至小学入学前的教育；学历教育包括义务教育(小学、初中)、高中阶段教育（普通高中、中等职业教育）高等教育（大专、大本、研究生、博士）。

扣除规则为受教育子女的父母（包括未成年人的监护人）分别按照扣除标准的 50%扣除；经父母约定，也可以选择由其中一方按扣除标准的 100%扣除，具体扣除方式在一个纳税年度不得变更。

◆继续教育

继续教育分为学历教育与职业资格教育。其中学历教育规定在个人学历教育期间可以按照每年 4800 元，即每月 400 元的标准进行定额扣除。个人接受同一学历教育事项且符合扣除条件规定的，该项教育支出可以由其父母按照子女教育支出扣除，也可以由本人按照继续教育支出扣除，但不得同时扣除。

职业资格教育主要包括技能人员职业资格继续教育、专业技术人员职业资格继续教育。其扣除标准为在取得相关证书的年度，每年 3600 元定额扣除，具体的职业资格参考《国家职业资格目录》。

专项附加扣除项目	扣除内容	具体标准与扣除方法
子女教育	学前教育和全日制学历教育	每个子女每月1000元，夫妻双方约定一方扣除或者平摊扣除。
继续教育	学历（学位）教育	每月定额扣除400元，同一学历（学位）不超过48个月。
	技能资格、职业资格教育	取得证书的当年定额扣除3600元。

表 6-2 子女教育与继续教育的扣除内容、具体标准、扣除方法

◆关键词说明

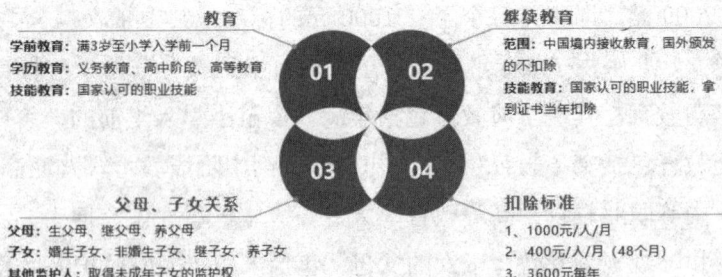

图 6-11 专项附加扣除项目关键词

②大病医疗、赡养老人

◆**大病医疗**

大病医疗专项附加扣除规定，其扣除标准为医保赔付后个人承担费用累计超过 15000 元的部分，可由纳税人本人或配偶在办理年度汇算清缴时，在 80000 元限额内据实扣除。此外可扣除的部分，需为社保医疗保险管理系统有相关记录的。

◆**赡养老人**

赡养老人专项附加扣除规定，赡养 60 岁以上父母（生父母、养父母、继父母）以及其他法定赡养人的赡养支出，其扣除标准为，子女为独生子女的，每年可扣除 24000 元，即每月 2000 元；子女为非独生子女的，则由所有子女分摊每年 24000 元（每月 2000 元）的扣除，分摊可以为平均分摊、约定分摊，一旦确定一年内不得变更，并且签订协议。单一子女分摊一年内不得超过 12000 元（每月 1000 元）。此外纳税人赡养 2 个及以上的老人不按老人的人数加倍扣除。

专项附加扣除项目	扣除内容	具体标准与扣除方法
大病医疗	扣除医保报销后个人承担累计超过15000元的部分	每年不超过80000元。
赡养老人	赡养一位及以上被赡养人的赡养支出	1、独生子女，每月定额扣除2000元。 2、非独生子女与兄弟姐妹分摊2000元，但是每个人不超过1000元。

表 6-3 大病医疗与赡养老人扣除内容、具体标准、扣除方法

◆关键词说明

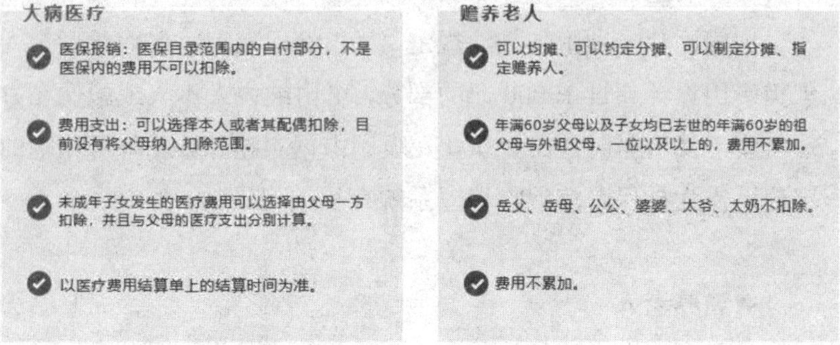

图 6-12 专项附加扣除项目关键词（一）

③住房贷款利息、住房租金

◆住房贷款利息

住房贷款利息专项附加扣除规定，纳税人本人或配偶使用商业银行或者住房公积金的；个人住房贷款为本人或配偶购买住房的，所产生的首套住房贷款利息支出，可由个人或夫妻双方约定选择由其中一方进行税前扣除，具体的扣除方式在一个年度内不得变更。其扣除标准为，偿还贷款期间，每年扣除 12000 元，即每月 1000 元标准。纳税人应当留存住房贷款合同、贷款还款支出凭证。此外非首套房则不得扣除。

◆住房租金（根据承租住房所在地）

住房租金专项附加扣除规定，个人在主要工作城市没有住房，而在主要工作城市租赁住房发生的租金支出，可以进行税前扣除。其扣除标准为，工作地为直辖市、省会、划单列市以及国务院确定的其他城市，每月可扣除 1500 元；工作地在市辖区户籍人员超过 100 万的其他城市，每月可扣除 1100 元；工作地在市辖区户籍人员不超过 100 万的其他城市，每月可扣除 800 元。

此外夫妻双方主要工作城市相同的，只能由一方扣除住房租金支出。夫妻双方主要工作城市不相同的，且各自在其主要工作城市都没有住房的，可分别扣除。另不得同时享受住房贷款利息扣除与住房租金扣除。

专项附加扣除项目	扣除内容	具体标准与扣除方法
住房贷款利息	本人或配偶单独或者共同使用商业贷款或公积金贷款为本人或配偶购买的境内住房，发生的首套贷款利息。	每月定额扣除1000元，不超过240个月。
住房租金	主要工作城市没有自有住房而发生的住房租金	1、直辖市、省会、计划单列市1500元/月。
		2、市辖区户籍人口100万以上城市1100元/月。
		3、市辖区户籍人口100万以下城市800元/月。

表 6-4 住房贷款利息与住房租金扣除内容、具体标准、扣除方法

◆ **关键词说明**

◇ 住房贷款利息

扣除方式
婚后共同房屋可以选择一方扣除；婚前各自购买的首套房子，双方选择一个房子进行扣除，可以为一方100%或者各50%。

首套房
首套贷款的房屋、一生只能享受一次首套房贷款利息扣除。

贷款
谁为主要贷款人，谁可以扣除。

周期
累计240个月

图 6-13 专项附加扣除项目关键词（二）

◇住房租金

市辖区户籍人口	人口密度1500人/平方公里，国家统计局公布数据为准
主要工作城市	直辖市、计划单列市、副省级城市、地级市全部行政区域范围
变更工作城市	允许一年内按照更换工作地点进行分别扣除
累加操作	不得与住房贷款利息进行累加扣除，只能二选一

图 6-14 专项附加扣除项目关键词（三）

◇专项附加扣除申报相关信息

在了解了专项附加扣除的各项规定后，还需要关注各项在申报过程中的相关要求：

1 子女教育 接收教育的起止时间、学校名称、分配比例

2 继续教育 继续教育类型、证书名称、编号、发证机关、发证时间

3 住房贷款利息 房产证号、预售合同号、房屋地址、贷款方式、贷款合同号、还款期限、首次还款日期、配偶信息

4 住房租金 主要工作城市、租房合同与房产证号、出租房屋人的身份证明、租赁期限、配偶信息

5 赡养老人 纳税人身份证明、被赡养人身份证明、与纳税人关系、分摊比例、共同赡养人信息

6 大病医疗 患者姓名、身份信息、与纳税人关系、支出金额、票据

图 6-15 专项附加扣除项目申报过程相关要求

142

（4）公益慈善事业捐赠费用

公益慈善事业捐赠的扣除，目前由于普通居民个人接触不多，往往被一些机构或者人力资源行业相关从业人员在计算时候所忽略。其实国家对积极参与慈善事业的个人，在税收方面是给予了相应的税收减免奖励的。个人对教育、扶贫、济困等公益慈善事业进行捐赠，捐赠额未超过纳税人申报的应纳税所得额的30%，可以进行应纳税所得额的扣除。

个人通过扣缴单位捐赠的，由扣缴单位凭政府机关或者非盈利部门开具的捐赠记录，由扣缴单位在代扣代缴税款时，依法扣除。

（5）依法确定的其他扣除费用

除去以上几种税前扣除的项目之外，个人购买的符合国家规定的商业健康险与税收递延型养老保险，个人缴付符合国家规定的企业年金、职业年金等相关的费用，可以进行税前扣除。

①商业健康险

符合规定的商业健康保险，是指保险公司参照个人税收优惠型健康保险产品指引框架及示范条款开发的，符合相关条件的健康保险产品。其扣除标准为，2400元/年（200元/月），另保险产品适用人群如下：

◇对公费医疗或基本医疗保险报销后个人负担的医疗费用有报销意愿的人群

◇对公费医疗或基本医疗保险报销后个人负担的特定大额医疗费用有报销意愿的人群

◇未参加公费医疗或基本医疗保险，对个人负担的医疗费用有报销意愿的人群

②税收递延型养老保险

我国为推进多层次的养老保险体系建设，于2018年下发了

《关于开展个人税收递延型商业养老保险试点的通知》，规定在试点地区个人通过商业养老资金账户购买符合规定的商业养老保险产品的支出，允许在一定标准内进行税前扣除。计入个人商业养老资金账户的投资收益，暂不征收个人所得税。当个人领取商业养老金时，再按规定征收个人所得税。具体税前扣除标准如下：

纳税人	扣除标准
居民个人	按照当月工资、薪金、劳务报酬收入的6%与1000元进行比较，低者为可以税前扣除的费用。
个人工商户、个人独资企业、合伙制企业	按照不超过当年应税收入的6%和12000元进行比较，低者为可以税前扣除的费用。

表 6-5 个人领取商业养老金税前扣除标准

③企业年金与职业年金

企业年金是指根据《企业年金试行办法》的规定，企业以及员工在依法参加基本养老保险的基础上，自愿建立的补充养老保险制度。

职业年金是指根据《事业单位职业年金试行办法》的规定，事业单位及其工作人员在依法参加基本养老保险的基础上，建立的补充养老保险制度。

根据国家有关政策的规定：缴付年金的个人缴费部分，在不超过个人缴费工资计税基数的4%标准内的部分，从个人当期的应纳税所得额中扣除。其中个人缴费工资计税基数，不得超过参保者工作地所在城市上一年度职工月平均工资的3倍，超过上述标准的个人缴费部分，应并入个人工资、薪金所得，依法计征个人所得税。

4.个人所得税计算方式

（1）居民个人综合所得

个人所得税在调整后，最大的变化就是将工资、薪金所得、劳务报酬所得、稿酬所得、特许权所用所得合并纳入综合所得。对应的个人所得税免征额也从之前的在工资、薪金所得下的 3500元/月，调整为在综合所得下的 60000 元/年。调整后，个税的计算方式也随之发生了变化。

参见个人所得税税率表一（居民个人综合所得适用），可以看出居民个人综合所得的计算逻辑为年度累计计算，也就是说在计算每个月居民个人综合所得的时候，都要将上月与本月的综合所得进行累计。

级数	全年应纳所得额	税率	速算扣除数
1	不超过36000元的	3%	0
2	超过36000元至144000元的	10%	2520
3	超过144000元至300000元的	20%	16920
4	超过300000元至420000元的	25%	31920
5	超过420000元至660000元的	30%	52920
6	超过660000元至960000元的	35%	85920
7	超过960000元的部分	45%	181920

表 6-6 个人所得税税率表一（居民个人综合所得适用）

虽然工资、薪金所得、劳务报酬所得、稿酬所得、特许权所用所得这四项所得合并计为综合所得，但是个人所得税调整后，实行的是每月预扣预缴，年底进行汇算清缴的操作方式，而这四项所得又都有各自对应的预扣预缴的方式，所以不同的所得项目在预扣预缴的计算方式上还是需要区别对待的。

①工资、薪金所得

◆**工资、薪金所得预扣预缴方式**

从个人所得税预扣率表一（居民个人工资、薪金所得预扣预缴纳适用）中可以发现，此表与个人所得税综合所得的应缴纳个税的表一致。所有的工资、薪金所得每月按照此表进行累计计算，计算出工资、薪金所得部分的预扣预缴金额。

级数	全年应纳所得额	税率	速算扣除数
1	不超过36000元的	3%	0
2	超过36000元至144000元的	10%	2520
3	超过144000元至300000元的	20%	16920
4	超过300000元至420000元的	25%	31920
5	超过420000元至660000元的	30%	52920
6	超过660000元至960000元的	35%	85920
7	超过960000元的部分	45%	181920

表6-7 个人所得税预扣率表一

（居民个人工资、薪金所得预扣预缴纳适用）

◆**工资、薪金所得每月预扣预缴计算方式**

工资、薪金所得每月预扣预缴额=（累计预扣预缴应纳税所得额×预扣率-速算扣除数）-累计减免税额-累计已预扣预缴税额。

累计预扣预缴应纳税所得额=累计收入-累计减免-累计减除费用-累计专项扣除-累计专项附加扣除-累计依法确定的其他扣除。

案例：

王先生为某公司人力资源总监,2019 年其个人所得税相关事项如下：

（1）全年取得的工资、扣缴的社保与公积金如下表所示：

月份	工资薪金	三险	公积金
1 月	25000	3000	2000
2 月	25000	3000	2000
3 月	25000	3000	2000
4 月	25000	3000	2000
5 月	25000	3000	2000
6 月	25000	3000	2000
7 月	25000	3000	2000
8 月	25000	3000	2000
9 月	25000	3000	2000
10 月	25000	3000	2000
11 月	25000	3000	2000
12 月	25000	3000	2000
合计	300000	36000	24000

表 6-8 王先生全年工资扣缴社保与公积金

（2）全年符合条件的专项附加扣除如下表所示：

月份	子女教育	继续教育	住房贷款利息	赡养老人
1 月	1000		1000	2000
2 月	1000		1000	2000
3 月	1000		1000	2000
4 月	1000		1000	2000
5 月	1000		1000	2000
6 月	1000		1000	2000
7 月	1000		1000	2000
8 月	1000		1000	2000
9 月	1000	3600	1000	2000
10 月	1000		1000	2000
11 月	1000		1000	2000
12 月	1000		1000	2000
合计	12000	3600	12000	24000

表 6-9 王先生全年专项附加扣除

答案：

按照居民个人综合所得计算规则，从 1 月份开始逐月累计计算，其中基本减除费用为 60000 元/年（5000 元/月），三险、公积金为专项扣除项目，子女教育、继续教育、住房贷款利息、赡养老人为专项附加扣除项目，经过计算王先生 2019 年最终应缴纳 10320 元税款。计算方式请见下表：

月份	累计工资薪金收入	累计减除费用	累计专项扣除	累计专项附加扣除	累计应纳税所得额	预扣率	速算扣除数	累计应扣缴税额	累计已预缴税额	应补税额
1月	25000	5000	5000	4000	11000	3%	0	330	0	330
2月	50000	10000	10000	8000	22000	3%	0	660	330	330
3月	75000	15000	15000	12000	33000	3%	0	990	660	330
4月	100000	20000	20000	16000	44000	10%	2520	1880	990	890
5月	125000	25000	25000	20000	55000	10%	2520	2980	1880	1100
6月	150000	30000	30000	24000	66000	10%	2520	4080	2980	1100
7月	175000	35000	35000	28000	77000	10%	2520	5180	4080	1100
8月	200000	40000	40000	32000	88000	10%	2520	6280	5180	1100
9月	225000	45000	45000	39600	95400	10%	2520	7020	6280	740
10月	250000	50000	50000	43600	106400	10%	2520	8120	7020	1100
11月	275000	55000	55000	47600	117400	10%	2520	9220	8120	1100
12月	300000	60000	60000	51600	128400	10%	2520	10320	9220	1100

表 6-10 王先生 2019 年应缴税款计算明细

②劳务报酬所得

◆劳务报酬所得预扣预缴方式

先确认劳务报酬所得每次的收入额，劳务报酬所得的收入额为每次减除费用的余额，每次收入大于 800 元且不超过 4000 元的，减除费用按照 800 元计算；每次超过 4000 元以上的，减除费用按收入的 20%计算；劳务报酬所得每次在 800 元以下的，则不缴纳个人所得税。

◆劳务报酬所得每次预扣预缴计算方式

劳务报酬所得每次预扣预缴税额=每次预扣预缴应纳税所得额×预扣率-速算扣除数，适用个人所得税预扣率（居民个人劳务报酬所得预扣预缴适用）。

级数	预扣预缴应纳税所得额	预扣率	速算扣除数
1	不超过20000元的	20%	0
2	超过20000元至50000元的	30%	2000
3	超过50000元的	40%	7000

表 6-11 个人所得税预扣率表二

（居民个人劳务报酬所得预扣预缴适用）

案例：

王先生于 2020 年 3 月份作为顾问为 A 公司开展了为期 2 天的企业培训工作，培训结束后，A 公司给与王先生相关劳务报酬。

情况一： 如果 A 公司给予王先生 8000 元的劳务报酬，则王先生应该缴纳多少金额的个人所得税？

情况二： 如果 A 公司给予王先生 3900 元的劳务报酬，则王先生应该缴纳多少金额的个人所得税？

情况一解答：

本次给与王先生的劳务报酬超过了 4000 元，按照规定则需要先减除 8000 元的 20%，即减除 1600 元，所以本次劳务所得的计税收入额为 6400 元。再参照个人所得税预扣率表二的规定，此次收入未超过 20000 元，则按照 20% 的预扣率进行扣缴，则通过计算王先生此次劳务报酬的应纳税额为 1280 元。

情况二解答：

本次给与王先生的劳务报酬未超过 4000 元且大于 800 元，按照规定则仅需减除 800 元，所以本次劳务所得的计税收入额为 3100 元。在参照个人所得税预扣率表二的规定，此次收入未超过 20000 元，则按照 20% 的预扣率进行扣缴，则通过计算王先生此次劳务报酬的应纳税额为 620 元。

③稿酬所得

◆稿酬所得预扣预缴方式

先确认稿酬所得每次的收入额，稿酬所得的收入额为每次减除费用的余额，每次收入不超过 4000 元，减除费用 800 元；每次收入 4000 元以上的，减除费用按照 20% 计算。稿酬收入额按 70% 计算。

◆稿酬所得每次预扣预缴计算方式

每次预扣预缴税额=每次预扣预缴应纳税所得额×预扣率

稿酬所得的预扣率为 20%

案例：

王先生于 2020 年 4 月为某杂志社投稿，该杂志社在收到王先生的投稿后，将王先生的稿件发布在其刊物上，为此该杂志社为王先生支付了 6000 元的费用作为此次投稿的报酬，请问王先生应该缴纳多少个人所得税？

答案：

王先生此次投稿收入为 6000 元过了 4000 元，按照规定应先扣除 20%的费用，即 1200 元，再将剩余的 4800 元，按照 70%计入应纳税收入额，即 3360 元。稿酬所得的预扣率为 20%，故王先生此次稿酬所得的应纳税金额为 672 元。

④特许权使用所得

◆特许权使用所得预扣预缴方式

先确认特许权使用所得每次的收入额，特许权使用所得收入额为每次减除费用的余额，每次收入不超过 4000 元，减除费用 800 元，每次收入 4000 元以上的，减除费用按照 20%计算。

◆特许权使用所得每次预扣预缴计算方式

每次预扣预缴税额=每次预扣预缴应纳税所得额×预扣率

特许权使用所得的预扣率为 20%

案例：

王先生为某公司员工，爱好机械研究，利用其业余时间，发明了可以提升汽车动力的新型动力系统，并申请获得了专利。2020 年 4 月王先生将该技术的特许使用权授予了大丰汽车公司用于汽车的生产，收取使用费 400000 元。请问王先生应预扣预缴多少个人所得税？

答案：

  <u>王先生收到 400000 元，收入额大于 4000 元，按规定应扣除 20%的费用，预扣预缴应纳税所得额为 320000 元。应预扣预缴税额为 64000 元。</u>

在对综合所得中的工资、薪金所得、劳务报酬所得、稿酬所得、特许权使用所得分别按照相关的规定进行每月或每次预扣预缴后，在每年年底的时候，再按照个人所得税税率表一的规定，进行汇算清缴的计算，具体扣缴与申报方式参照下表：

环节	综合所得项目	工资薪金所得	劳务报酬所得	特许权使用费所得和稿酬所得
预扣预缴	应预扣预缴税额	本月应预扣预缴税额=（累计预扣预缴应纳税所得额×预扣率-速算扣除数）-累计减免税额-累计已预扣预缴税额	本次应预扣预缴税额=预扣预缴应纳税所得额×预扣率-速算扣除数	本次应预扣预缴税额=预扣预缴应纳税所得额×预扣率
	申报人	扣缴义务人（支付人）		
	扣缴申报	扣缴义务人每月或每次预扣、代扣税款，扣缴税款应当在次月十五日内纳入国库，并且向税务机关报送个人所得税扣缴申报表		
汇算清缴	应补（退）税额	应纳税额=(年收入总额-60000-专项扣除-专项附加扣除-其他扣除）×适用税率-速算扣除数 应补（退）税额=应纳税额-已预扣预缴税额		
	申报人	纳税人		
	纳税申报	在次年三月一日至六月三十日内，向任职、受雇单位所在地主管税务机关办理纳税申报，并报送《个人所得税年度自行纳税申报表》 有两处以上任职、受雇单位的，选择向其中一处任职、受雇单位所在主管税务机关办理纳税申报；纳税人没有任职、受雇单位的，向户籍所在地或经常居住地主管税务机关办理纳税申报。		

表 6-12 个人所得税综合所得扣缴与纳税申报方式

（2）居民个人经营所得

  近几年随着我国大力发展个体经济与民间经济，随之而来的是带动了就业，拉动了经济的增长。此外很多上班族也不再仅仅满足于依靠工资收入作为其唯一的收入渠道，很多有稳定工作的人员，利用闲暇时间开发适合自己的副业来增加收入。有的企业则通过内部组织结构的调整，进行部门化的个体经营，分包企业的工作任务，形成合伙人机制，达到提高效率、节约成本的目的。这样就更加刺激了个体经济的发展，人们的收入更加的多元化。而关于对个体经济在税收方面的处理，则也是需要相关从业人员与个体了解的。

◆**征收界定**

经营所得是指个人从事生产、经营活动取得的所得，强调个体或个人要参与生产与经营方面的活动，与之前提到的劳务报酬中的个人从事劳务活动是有一定区别的。

经营所得征收界定	1) 个体工商户从事生产、经营活动取得的所得，个人独资企业投资人、合伙企业的个人合伙人来源于境内注册的个人独资企业、合伙企业生产、经营的所得；
	2) 个人依法从事办学、医疗、咨询以及其他有偿服务活动取得的所得；
	3) 个人对企业、事业单位承包经营、承租经营以及转包、转租取得的所得；
	4) 个人从事其他生产、经营活动取得的所得。

表 6-13 经营所得征收界定

◆**应纳税额的计算**

经营所得应纳税所得额计算步骤如下：

◇确定经营所得收入额，确认成本、费用、损失，在计算应纳税额的过程中还需要分两种情况

具体情况	应纳税额的计算
没有综合收入	[（收入总额-成本-费用-损失）×分配比例-6000-专项扣除-专项附加扣除-依法确定的其他扣除-准予扣除的捐赠]×适用税率-速算扣除数
有综合收入	[（收入总额-成本-费用-损失）×分配比例-准予扣除的捐赠]×适用税率-速算扣除数

表 6-14 应纳税所得额计算

◆应纳税所得额计算

在确认经营所得收入额后,参照经营所得个人所得税适用税率表,进行相应计算。

级数	全年应纳所得额	税率	速算扣除数
1	不超过30000元的	5%	0
2	超过30000元至90000元的	10%	1500
3	超过90000元至300000元的	20%	10500
4	超过300000元至500000元的	30%	40500
7	超过500000元的部分	35%	65500

表 6-15 经营所得个人所得税适用税率表

◆个体工商户相关规定[①]

在灵活用工篇中介绍的平台型用工的核心操作,就是将员工的身份进行转换,从而达到将员工与企业之间的雇佣关系转换为合作经营关系,员工注册个体工商户则是员工身份转换的重要操作。不过在注册个体工商户之前,则需要了解如下基本信息:

★个体工商户纳税义务人条件:

◇依法取得个体工商户营业执照、从事生产经营所得的个体工商户。

◇经政府有关部门批准,从事办学、医疗、咨询等有偿服务活动的个人。

◇其他从事个体生产、经营的个人。

① 《个体工商户条例》(2018 修订)

★个体工商户个税征收方式：

◇查账征收的核定方式

√.可以扣除的项目：成本、费用、税金、损失、其他合理支出

√.不可以扣除的项目：个人所得税税款、税收滞纳金、罚金罚款、不符合扣除规定的捐赠、赞助支出、用工个人和家庭的支出、与取得生产经营收入无关的其他支出、国家税务总局规定不准扣除的支出、个体工商户代其从业人员或者他人负担的税款。

√.生产经营与个人、家庭生活混乱难以分清的费用，其40%视为与生产经营有关的费用，准予扣除。

√.亏损结转年限不得超过5年

◇定期定额的核定方式

√.按照耗用的原材料燃料利润的方法核定

√.按照成本加合理的费用和利润的方法核定

√.按盘点库存情况推算或者测算核定

√.按照发票和相关凭据核定

√.按银行经营账户资金往来情况测算核定

√.参照同类企业经营情况核定

案例：

王先生任职于A公司，2019年初A公司对组织内部进行调整，建立内部合伙人机制，将一些业务分包给有能力独立操作的团队与个人，以达到实现内部创业与提升效率的目的，王先生将公司的部分业务自行承包，并注册了个体工商户。2019年底王先生承包的业务实现了200万元的收入，成本费用为80万元，其中王

先生自己列支的工资为 12 万元，王先生由于承包了公司的业务与公司为合作关系，则不再有相关的综合所得收入，在不考虑专项扣除与专项附加扣除的因素下，王先生应纳税所得额为多少？

答案：

　　王先生应纳税所得额=收入-成本费用+税前列支的工资-6（万）=200-80+12-6=126（万元），适用税率 35%，速算扣除数 65500 元。

　　王先生应缴纳个人所得税=126×35%-6.55=37.55（万元）

　　以上介绍了居民个人综合所得、居民个人经营所得的相关情况，目前这两个部分在人力资源行业相关从业人员的工作中是常会遇到的。而财产租赁所得、财产转让所得、利息、股息、红利所得、偶然所得，这几项所得在其工作中不常遇到，对这部分不作为重点的介绍，各位读者有兴趣可以自行查看相关资料。

四、其他项目

1.残保金

　　残保金即残疾人就业保障金是为了保障残疾人权益与利益，由未按照规定安排残疾人员就业的机关、团体、企业、事业单位和民办非企业单位缴纳的资金。2020 年度安排残疾人就业的比例不得低于本单位在职职工总数的 1.6%，达不到规定比例的应当缴纳保障金。

　　（1）残保金征收方式

　　残保金年缴纳额按上一年度用人单位安排残疾人就业未达

到规定比例的差额人数和本单位在职职工年平均工资之和计算。

计算公式：

①按比例应安排残疾人就业人数=上年用人单位在职职工人数×1.6%

②应缴金额=（按比例应安排残疾人就业人数-上年用人单位实际安排的残疾人就业人数）×上年用人单位在职职工年平均工资

③实际应缴金额=应缴金额-减免金额

（2）残保金减免政策

◆**小微企业减免政策**

依据《财政部关于取消、调整部分政府性基金有关政策的通知》，2017年4月1日起，扩大残疾人就业保障金免征范围。将残疾人就业保障金免征范围，由自工商注册登记之日起3年内，在职职工总数20人（含）以下小微企业，调整为在职职工总数30人（含）以下的企业。调整免征范围后，工商注册登记未满3年、在职职工总数30人（含）以下的企业，可在剩余时期内按规定免征残疾人就业保障金。

◆**安置残疾人员就业**[①]

依据《残疾人就业条例》第八条、第九条，用人单位安排残疾人就业达到其所在地省、自治区、直辖市人民政府规定比例，用人单位可以免缴残保金。另外，根据地区规定，超过安置比例的用人单位可以得到一定的资金奖励。

◆**其他减免政策**[②]

依据国家《残疾人就业保障金征收使用管理办法》第十七条：

[①]　《残疾人就业条例》
[②]　《残疾人就业保障金征收使用管理办法》

用人单位遇不可抗力自然灾害或其他突发事件遭受重大直接经济损失，可以申请减免或者缓缴保障金。具体办法由各省、自治区、直辖市财政部门规定。用人单位申请减免保障金的最高限额不得超过 1 年的保障金应缴额，申请缓缴保障金的最长期限不得超过 6 个月。批准减免或者缓缴保障金的用人单位名单，应当每年公告一次。公告内容应当包括批准机关、批准文号、批准减免或缓缴保障金的主要理由等。

（3）残保金操作过程中的注意事项

◆**明确公司在岗职工总数**

很多企业为了规避与减少残保金的缴纳，会在申报残保金的过程中，漏报或者少报企业的实际在岗人数，将企业的部分人员从企业的花名册上删除，其实这样的操作是存在巨大风险的，因为目前我国已经完成"金税三期"的联网，企业中所有的信息都会进入"金三"系统中，系统会根据企业的发放工资、社保缴纳、个税申报等数据推算企业应该缴纳残保金的金额，做到信息与数据的全线打通。

所以企业应该明确自身的在岗职工的总数，切勿进行人数造假，给自身带来风险。

◆**应"使用"残疾人员而不是"挂靠"**

很多企业为了减免残保金的缴纳，会选择适量地使用残疾人员，不过在使用残疾人员的过程中，企业应关注如下几点：

①残疾人工作岗位的安全性

企业应该结合残疾人员自身情况，合理地安排其工作岗位，确保安排的岗位符合残疾人的身体条件。

②残疾人工作岗位的真实性

众多企业目前多会采取安排残疾人员挂靠的方式，以达到安置残疾人员，减免残保金的目的。此种方式从操作上虽不算违法，但是企业方存在一定的风险，主要风险为后期残疾人员续约与清退的过程中存在一定的问题，残疾人员也属于企业的员工，也受《劳动合同法》的保护。所以企业在挂靠过程中，需要思考与残疾人员签订劳动合同的期限以及相关的权责。尽量安排残疾人员定期从事一些力所能及的工作，以确保岗位编制真实有效。

③精选合作机构

目前市场上出现了很多以为企业节省残保金为主要服务项目的企业与机构，这些机构的质量参差不齐，部分还涉嫌违法操作。所以如果企业想与其合作，需要对该类型的企业进行充分评估，确保自身的利益不受损害。

2.工会经费[①]

工会经费是依据企业会计制度，企业可以根据工资总额计提费用的一种基金，是工会组织开展各项活动所需要的费用。一般按企业工资总额的 2%提取，40%上缴上级工会，60%记入公司帐户，由公司用于职工福利。

如果企业没有工会，则不要缴纳工会经费。如设立工会（企业职工达到 25 人以上），则需要遵循《中华人民共和国工会法》第四十二条规定，按"每月全部职工工资总额的百分之二向工会拨缴的经费"。

由于工会费并不属于税务征收的范围，所以很多企业对于工会费的概念不是十分清晰，针对工会费的操作核心关注如下两点：

① 《中华人民共和国工会法》

（1）是费不是税

工会经费不是向税务机关缴纳的，只是在税前扣除时，税法要求提供工会的交款专用收据，才可以税前扣除。

（2）职工范围

在公司范围内领取工资的正式员工，不包括退休返聘与兼职人员。与劳务派遣单位签订劳动合同的人员，则不计入企业的员工基数。

3.职工教育经费

职工教育经费是指企业按工资总额的一定比例提取用于职工教育事业的一项费用，是企业为职工学习先进技术和提高文化水平而支付的费用。

根据《关于企业职工教育经费税前扣除政策的通知》：企业发生的职工教育经费支出，不超过工资薪金总额8%的部分，准予在计算企业所得税应纳税所得额时扣除；超过部分，准予在以后纳税年度结转扣除。

（1）计算方式与依据

根据《中华人民共和国企业所得税法实施条例》和《国家税务总局关于企业工资薪金及职工福利费扣除问题的通知》的相关规定：

职工教育经费的计算基数为企业发生的合理的工资薪金支出。"合理工资薪金"是指企业按照股东大会、董事会、薪酬委员会或相关管理机构制订的工资薪金制度规定实际发放给员工的工资薪金总和。不包括企业的职工福利费、职工教育经费、工会经费以及养老保险费、医疗保险费、失业保险费、工伤保险费、生育保险费等社会保险费和住房公积金。属于国有性质的企业，其工资薪金，不得超过政府有关部门给予的限定数额；超过部分不得计入企业工资薪金总额，也不得在计算企业应纳税所得额时扣除。

（2）培训内容

★根据财政部、国家税务总局等十一个部委联合下发的《关于印发〈关于企业职工教育经费提取与使用管理的意见〉的通知》的规定：

企业职工教育培训的主要内容有：政治理论、职业道德教育；岗位专业技术和职业技能培训以及适应性培训；企业经营管理人员和专业技术人员继续教育；企业富余职工转岗转业培训；根据需要对职工进行的各类文化教育和技术技能培训。

★根据《关于加强企业职工教育经费财务管理的通知（征求意见稿）》，企业可以通过内部培训，委托关联企业，委托院校或第三方教育机构，鼓励职工个人取得职业培训和学位学历证书等方式开展职工教育培训，由此发生的下列费用从提取的职工教育经费中开支：

①师资费，指培训师的讲课费、课程开发费、课件制作费、食宿费、交通费等。培训师为本企业职工的，企业应当相应建立选拔制度和费用标准，完善培训档案记录。职工实际承担本企业内部培训任务取得的师资费不计入职工工资总额。

②参训人员培训期间发生的食宿费、交通费、资料费。

③培训场地费。

④教育培训用设备设施、软件、网络培训账号等购置费。相关购置费直接核减职工教育经费应付款，其中有关设备设施和软件达到固定资产和无形资产确认条件的，应当分别计入固定资产

和无形资产，同时一次性全额计提折旧和摊销费用。

⑤职工为取得与所从事岗位工作相关或者转岗需要的职业培训证书向有关部门或机构交纳的报名费、注册费、学费、教材费、考试费、评审费等以及依法依规缴纳的继续教育费，不包括取得证书后缴纳的会员费、年费等。

⑥职工为取得在职学位学历证书交纳的报名费、教材费、考试费、学费等。

⑦对在企业内外部职业技能竞赛、评比等活动中取得良好成绩职工的奖励费用。

⑧支付给受托关联企业、院校、第三方教育机构的培训费用。

⑨与职工教育培训直接相关的其他合理费用。

（3）职工教育经费操作过程中的注意事项

◆**明确职工身份**

职工教育经费中的"职工"是指在本企业实际从事生产经营活动的全部人员，包括建立劳动关系的人员、临时工、劳务派遣人员，但不包括离休、退休人员。以此来确定企业的职工人数与缴费金额。

◆**合理规划支出**

职工教育经费的支出需要合理规划，专款专用、切忌费用乱用，此外保留好相关的支出票据，以便后期可以进行企业所得税的抵扣。

4.企业职工福利费[①]

企业职工福利费是指企业为职工提供的除职工工资、奖金、

[①] 《国家税务总局关于企业工资薪金及职工福利费扣除问题的通知》

津贴、纳入工资总额管理的补贴、职工教育经费、社会保险费和补充养老保险费(年金)、补充医疗保险费及住房公积金以外的福利待遇支出。企业发生的职工福利费支出，不超过工资、薪金总额14%的部分，准予扣除。工资、薪金总额不包括企业的职工福利费、职工教育经费、工会经费以及养老保险费、医疗保险费、失业保险费、工伤保险费、生育保险费等社会保险费和住房公积金。

（1）企业职工福利费的内容

★尚未实行分离办社会职能的企业，其内设福利部门所发生的设备、设施和人员费用，包括职工食堂、职工浴室、理发室、医务所、托儿所、疗养院等集体福利部门的设备、设施及维修保养费用和福利部门工作人员的工资薪金、社会保险费、住房公积金、劳务费等。

★为职工卫生保健、生活、住房、交通等所发放的各项补贴和非货币性福利，包括企业向职工发放的因公外地就医费用、未实行医疗统筹企业职工医疗费用、职工供养直系亲属医疗补贴、供暖费补贴、职工防暑降温费、职工困难补贴、救济费、职工食堂经费补贴、职工交通补贴等。

★按照其他规定发生的其他职工福利费，包括丧葬补助费、抚恤费、安家费、探亲假路费等。

（2）企业职工福利费的列支范围

★为职工卫生保健、生活等发放或支付的各项现金补贴和非货币性福利，包括职工因公外地就医费用、暂未实行医疗统筹企业职工医疗费用、职工供养直系亲属医疗补贴、职工疗养费用、自办职工食堂经费补贴或未办职工食堂统一供应午餐支出、符合

国家有关财务规定的供暖费补贴、防暑降温费等。

★企业尚未分离的内设集体福利部门所发生的设备、设施和人员费用，包括职工食堂、职工浴室、理发室、医务所、托儿所、疗养院、集体宿舍等集体福利部门设备、设施的折旧、维修保养费用以及集体福利部门工作人员的工资薪金、社会保险费、住房公积金、劳务费等人工费用。

★职工困难补助，或者企业统筹建立和管理的专门用于帮助、救济困难职工的基金支出。

★离退休人员统筹外费用，包括离休人员的医疗费及离退休人员其他统筹外费用。

★按规定发生的其他职工福利费，包括丧葬补助费、抚恤费、职工异地安家费、独生子女费、探亲假路费，以及符合企业职工福利费定义的其他支出。

（3）企业职工福利费操作过程中的注意事项

★关注工资薪金与福利费的区别

工资薪金应具有以下特征：制订了较为规范的员工工资薪金制度；所制订的工资薪金制度符合行业及地区水平；在一定时期所发放的工资薪金是相对固定的，工资薪金的调整是有序进行的；对实际发放的工资薪金，已依法履行了代扣代缴个人所得税义务；有关工资薪金的安排，不以减少或逃避税款为目的。

企业职工福利就是用人单位为了吸引人才或稳定员工而自行为员工采取的福利措施。

★了解《个人所得税法》中对于企业职工福利费的规定

根据《中华人民共和国个人所得税法》第四条第四项，"福利费、抚恤金、救济金"的个人所得，免征个人所得税。此外《个人所得税法实施条例》第十四条对福利费做了如下解释：福利费，是指根据国家有关规定，从企业、事业单位、国家机关、社会团体提留的福利费或者工会经费中支付给个人的生活补助费；所说的救济金，是指各级人民政府民政部门支付给个人的生活困难补助费。

不属于免税的福利费范围，应当并入纳税人的工资、薪金收入计征个人所得税，具体项目如下：

①从超出国家法规的比例或基数计提的福利费、工会经费中支付给个人的各种补贴、补助。

②从福利费和工会经费中支付给本单位职工的人人有份的补贴、补助。

③单位为个人购买汽车、住房、电子计算机等不属于临时性生活困难补助性质的支出。

参考文献

[1]张慧霞.社保业务经办实务[M].上海:复旦大学出版社,2018:
130-248.

[2]朱菲菲.人力资源管理应备的财务常识[M].北京:中国铁道出
版社,2019:84-105.

[3]游本春,魏领胜.劳动争议案件常见疑难问题解析[M].北京:
法律出版社,2018:3-77.

[4]郝云峰.HR劳动争议案件精选与实务操作指引[M].北京:中国
法制出版社,2018:2-30.

[5]郝龙航,朱志春,石雨.个人所得税、社保新政详解与实务操
作指南[M].北京:中国财政经济出版社,2019:58-285、
357-389.

[6]北京市注册税务师协会.新个人所得税税法政策解读与操作
指南[M].北京:中国税务出版社,2019:3-26.

[7]王红,徐姗姗.人力资源第三方服务工作手册[M].北京:中国
劳动社会保障出版社,2017:60-100.

[8]最高人民法院民事审判第一庭.劳动争议案件审判指导[M].
北京:法律出版社,2018:73-124.

[9]计敏.一本书看透个人所得税[M].北京:机械工业出版社,
2019:77-125.

[10]李广平.我国劳务派遣用工市场演化路径与治理对策研究
[M].北京:中国经济出版社,2019:16-31.

[11]中华全国总工会法律工作部.劳务派遣工权益手册[M].北京：中国工人出版社，2013：3-43.

[12]张进财.最有效人力资源管理方式：人力资源外包[M].北京：清华大学出版社，2020：80-125.

[13]熊坚.中国人力资源服务外包实操手册：人力资源外包[M].北京：中国劳动社会保障出版社，2019：106-179.

[14]中华人民共和国第十届全国人民代表大会常务委员会第三十一次会议.中华人民共和国劳动争议调解仲裁法[Z].2007.

[15]中华人民共和国第九届全国人民代表大会第二次会议.中华人民共和国合同法[Z].1999.

[16]中华人民共和国第七届全国人民代表大会第二次会议.中华人民共和国工会法[Z].2016：修订.

[17]中华人民共和国国务院令第258号.失业保险条例[Z].2018：新规定.

[18]中华人民共和国国务院令第488号.残疾人就业条例[Z].2007.

[19]中华人民共和国国务院令第666号.个体工商户条例外[Z].2016：修订.

[20]财税〔2015〕72号.残疾人就业保障金征收使用管理办法[Z].2015.

[21]财税〔2018〕51号.关于企业职工教育经费税前扣除政策的通知[Z].2018.

[22]国税函[2009]3号.国家税务总局关于企业工资薪金及职工福利费扣除问题的通知[Z].2009.

[23]财建[2006]317号.关于企业职工教育经费提取与使用管理

的意见[Z]. 2006.

[24]国办发〔2020〕27号.关于支持多渠道灵活就业的意见[Z]. 2020.

[25]津公积金中心发〔2018〕77号.天津市住房公积金归集管理操作规定[Z]. 2018.

附录一：《中华人民共和国劳动合同法》

中华人民共和国劳动合同法(2012修正)

基本信息

◇发文字号　　主席令第73号

◇效力级别　　法律

◇时效性　　　现行有效

◇发布日期　　2012-12-28

◇实施日期　　2013-07-01

◇发布机关　　全国人大常委会

法律修订

★2007年6月29日第十届全国人民代表大会常务委员会第二十八次会议通过

★根据2012年12月28日第十一届全国人民代表大会常务委员会第三十次会议《关于修改＜中华人民共和国劳动合同法的决定》修正

★主席令第73号

正文

第一章　总则

第一条　立法宗旨

为了完善劳动合同制度，明确劳动合同双方当事人的权利和义务，保护劳动者的合法权益，构建和发展和谐稳定的劳动关系，制定本法。

第二条 适用范围

中华人民共和国境内的企业、个体经济组织、民办非企业单位等组织（以下称用人单位）与劳动者建立劳动关系，订立、履行、变更、解除或者终止劳动合同，适用本法。国家机关、事业单位、社会团体和与其建立劳动关系的劳动者，订立、履行、变更、解除或者终止劳动合同，依照本法执行。

第三条 基本原则

订立劳动合同，应当遵循合法、公平、平等自愿、协商一致、诚实信用的原则。

第四条 规章制度

用人单位应当依法建立和完善劳动规章制度，保障劳动者享有劳动权利、履行劳动义务。用人单位在制定、修改或者决定有关劳动报酬、工作时间、休息休假、劳动安全卫生、保险福利、职工培训、劳动纪律以及劳动定额管理等直接涉及劳动者切身利益的规章制度或者重大事项时，应当经职工代表大会或者全体职工讨论，提出方案和意见，与工会或者职工代表平等协商确定。在规章制度和重大事项决定实施过程中，工会或者职工认为不适当的，有权向用人单位提出，通过协商予以修改完善。用人单位应当将直接涉及劳动者切身利益的规章制度和重大事项决定公示，或者告知劳动者。

第五条 协调劳动关系三方机制

县级以上人民政府劳动行政部门会同工会和企业方面代表，建立健全协调劳动关系三方机制，共同研究解决有关劳动关系的重大问题。

第六条 集体协商机制

工会应当帮助、指导劳动者与用人单位依法订立和履行劳动合同，并与用人单位建立集体协商机制，维护劳动者的合法权益。

第二章 劳动合同的订立

第七条 劳动关系的建立

用人单位自用工之日起即与劳动者建立劳动关系。用人单位应当建立职工名册备查。

第八条 用人单位的告知义务和劳动者的说明义务

用人单位招用劳动者时，应当如实告知劳动者工作内容、工作条件、工作地点、职业危害、安全生产状况、劳动报酬，以及劳动者要求了解的其他情况；用人单位有权了解劳动者与劳动合同直接相关的基本情况，劳动者应当如实说明。

第九条 用人单位不得扣押劳动者证件和要求提供担保

用人单位招用劳动者，不得扣押劳动者的居民身份证和其他证件，不得要求劳动者提供担保或者以其他名义向劳动者收取财物。

第十条 订立书面劳动合同

建立劳动关系，应当订立书面劳动合同。已建立劳动关系，未同时订立书面劳动合同的，应当自用工之日起一个月内订立书面劳动合同。用人单位与劳动者在用工前订立劳动合同的，劳动关系自用工之日起建立。

第十一条 未订立书面劳动合同时劳动报酬不明确的解决

用人单位未在用工的同时订立书面劳动合同，与劳动者约定的劳动报酬不明确的，新招用的劳动者的劳动报酬按照集体合同规定的标准执行；没有集体合同或者集体合同未规定的，实行同工同酬。

第十二条 劳动合同的种类

劳动合同分为固定期限劳动合同、无固定期限劳动合同和以完成一定工作任务为期限的劳动合同。

第十三条 固定期限劳动合同

固定期限劳动合同，是指用人单位与劳动者约定合同终止时间的劳动合同。用人单位与劳动者协商一致，可以订立固定期限劳动合同。

第十四条 无固定期限劳动合同

无固定期限劳动合同，是指用人单位与劳动者约定无确定终止时间的劳动合同。用人单位与劳动者协商一致，可以订立无固定期限劳动合同。有下列情形之一，劳动者提出或者同意续订、订立劳动合同的，除劳动者提出订立固定期限劳动合同外，应当订立无固定期限劳动合同：（一）劳动者在该用人单位连续工作满十年的；（二）用人单位初次实行劳动合同制度或者国有企业改制重新订立劳动合同时，劳动者在该用人单位连续工作满十年且距法定退休年龄不足十年的；（三）连续订立二次固定期限劳动合同，且劳动者没有本法第三十九条和第四十条第一项、第二项规定的情形，续订劳动合同的。用人单位自用工之日起满一年不与劳动者订立书面劳动合同的，视为用人单位与劳动者已订立无固定期限劳动合同。

第十五条 以完成一定工作任务为期限的劳动合同

以完成一定工作任务为期限的劳动合同，是指用人单位与劳动者约定以某项工作的完成为合同期限的劳动合同。用人单位与劳动者协商一致，可以订立以完成一定工作任务为期限的劳动合同。

第十六条 劳动合同的生效

劳动合同由用人单位与劳动者协商一致，并经用人单位与劳动者在劳动合同文本上签字或者盖章生效。劳动合同文本由用人单位和劳动者各执一份。

第十七条　劳动合同的内容

劳动合同应当具备以下条款：（一）用人单位的名称、住所和法定代表人或者主要负责人；（二）劳动者的姓名、住址和居民身份证或者其他有效身份证件号码；（三）劳动合同期限；（四）工作内容和工作地点；（五）工作时间和休息休假；（六）劳动报酬；（七）社会保险；（八）劳动保护、劳动条件和职业危害防护；（九）法律、法规规定应当纳入劳动合同的其他事项。劳动合同除前款规定的必备条款外，用人单位与劳动者可以约定试用期、培训、保守秘密、补充保险和福利待遇等其他事项。

第十八条　劳动合同对劳动报酬和劳动条件约定不明确的解决

劳动合同对劳动报酬和劳动条件等标准约定不明确，引发争议的，用人单位与劳动者可以重新协商；协商不成的，适用集体合同规定；没有集体合同或者集体合同未规定劳动报酬的，实行同工同酬；没有集体合同或者集体合同未规定劳动条件等标准的，适用国家有关规定。

第十九条　试用期

劳动合同期限三个月以上不满一年的，试用期不得超过一个月；劳动合同期限一年以上不满三年的，试用期不得超过二个月；三年以上固定期限和无固定期限的劳动合同，试用期不得超过六个月。同一用人单位与同一劳动者只能约定一次试用期。以完成一定工作任务为期限的劳动合同或者劳动合同期限不满三个月的，不得约定试用期。试用期包含在劳动合同期限内。劳动合同仅约定试用期的，试用期不成立，该期限为劳动合同期限。

第二十条 试用期工资

劳动者在试用期的工资不得低于本单位相同岗位最低档工资或者劳动合同约定工资的百分之八十，并不得低于用人单位所在地的最低工资标准。

第二十一条 试用期内解除劳动合同

在试用期中，除劳动者有本法第三十九条和第四十条第一项、第二项规定的情形外，用人单位不得解除劳动合同。用人单位在试用期解除劳动合同的，应当向劳动者说明理由。

第二十二条 服务期

用人单位为劳动者提供专项培训费用，对其进行专业技术培训的，可以与该劳动者订立协议，约定服务期。劳动者违反服务期约定的，应当按照约定向用人单位支付违约金。违约金的数额不得超过用人单位提供的培训费用。用人单位要求劳动者支付的违约金不得超过服务期尚未履行部分所应分摊的培训费用。用人单位与劳动者约定服务期的，不影响按照正常的工资调整机制提高劳动者在服务期期间的劳动报酬。

第二十三条 保密义务和竞业限制

用人单位与劳动者可以在劳动合同中约定保守用人单位的商业秘密和与知识产权相关的保密事项。对负有保密义务的劳动者，用人单位可以在劳动合同或者保密协议中与劳动者约定竞业限制条款，并约定在解除或者终止劳动合同后，在竞业限制期限内按月给予劳动者经济补偿。劳动者违反竞业限制约定的，应当按照约定向用人单位支付违约金。

第二十四条 竞业限制的范围和期限

竞业限制的人员限于用人单位的高级管理人员、高级技术人员和其他负有保密义务的人员。竞业限制的范围、地域、期限由用人单位与劳动者约定，竞业限制的约定不得违反法律、法规的规定。在解除或者终止劳动合同后，前款规定的人员到与本单位生产或者经营同类产品、从事同类业务的有竞争关系的其他用人单位，或者自己开业生产或者经营同类产品、从事同类业务的竞业限制期限，不得超过二年。

第二十五条　违约金

除本法第二十二条和第二十三条规定的情形外，用人单位不得与劳动者约定由劳动者承担违约金。

第二十六条　劳动合同的无效

下列劳动合同无效或者部分无效：（一）以欺诈、胁迫的手段或者乘人之危，使对方在违背真实意思的情况下订立或者变更劳动合同的；（二）用人单位免除自己的法定责任、排除劳动者权利的；（三）违反法律、行政法规强制性规定的。对劳动合同的无效或者部分无效有争议的，由劳动争议仲裁机构或者人民法院确认。

第二十七条　劳动合同部分无效

劳动合同部分无效，不影响其他部分效力的，其他部分仍然有效。

第二十八条　劳动合同无效后劳动报酬的支付

劳动合同被确认无效，劳动者已付出劳动的，用人单位应当向劳动者支付劳动报酬。劳动报酬的数额，参照本单位相同或者相近岗位劳动者的劳动报酬确定。

第三章　劳动合同的履行和变更

第二十九条　劳动合同的履行

用人单位与劳动者应当按照劳动合同的约定，全面履行各自的义务。

第三十条 劳动报酬

用人单位应当按照劳动合同约定和国家规定，向劳动者及时足额支付劳动报酬。用人单位拖欠或者未足额支付劳动报酬的，劳动者可以依法向当地人民法院申请支付令，人民法院应当依法发出支付令。

第三十一条 加班

用人单位应当严格执行劳动定额标准，不得强迫或者变相强迫劳动者加班。用人单位安排加班的，应当按照国家有关规定向劳动者支付加班费。

第三十二条 劳动者拒绝违章指挥、强令冒险作业

劳动者拒绝用人单位管理人员违章指挥、强令冒险作业的，不视为违反劳动合同。劳动者对危害生命安全和身体健康的劳动条件，有权对用人单位提出批评、检举和控告。

第三十三条 用人单位名称、法定代表人等的变更

用人单位变更名称、法定代表人、主要负责人或者投资人等事项，不影响劳动合同的履行。

第三十四条 用人单位合并或者分立

用人单位发生合并或者分立等情况，原劳动合同继续有效，劳动合同由承继其权利和义务的用人单位继续履行。

第三十五条 劳动合同的变更

用人单位与劳动者协商一致，可以变更劳动合同约定的内容。变更劳动合同，应当采用书面形式。变更后的劳动合同文本由用人单位和劳动者各执一份。

第四章 劳动合同的解除和终止

第三十六条 协商解除劳动合同

用人单位与劳动者协商一致，可以解除劳动合同。

第三十七条 劳动者提前通知解除劳动合同

劳动者提前三十日以书面形式通知用人单位，可以解除劳动合同。劳动者在试用期内提前三日通知用人单位，可以解除劳动合同。

第三十八条 劳动者单方解除劳动合同

用人单位有下列情形之一的，劳动者可以解除劳动合同：（一）未按照劳动合同约定提供劳动保护或者劳动条件的；（二）未及时足额支付劳动报酬的；（三）未依法为劳动者缴纳社会保险费的；（四）用人单位的规章制度违反法律、法规的规定，损害劳动者权益的；（五）因本法第二十六条第一款规定的情形致使劳动合同无效的；（六）法律、行政法规规定劳动者可以解除劳动合同的其他情形。用人单位以暴力、威胁或者非法限制人身自由的手段强迫劳动者劳动的，或者用人单位违章指挥、强令冒险作业危及劳动者人身安全的，劳动者可以立即解除劳动合同，不需事先告知用人单位。

第三十九条 用人单位单方解除劳动合同（过失性辞退）

劳动者有下列情形之一的，用人单位可以解除劳动合同：（一）在试用期间被证明不符合录用条件的；（二）严重违反用人单位的规章制度的；（三）严重失职，营私舞弊，给用人单位造成重大损害的；（四）劳动者同时与其他用人单位建立劳动关系，对完成本单位的工作任务造成严重影响，或者经用人单位提出，拒不改正的；（五）因本法第二十六条第一款第一项规定的情形致使劳动合同无效的；（六）被依法追究刑事责任的。

第四十条 无过失性辞退

有下列情形之一的，用人单位提前三十日以书面形式通知劳动者本人或者额外支付劳动者一个月工资后，可以解除劳动合同：（一）劳动者患病或者非因工负伤，在规定的医疗期满后不能从事原工作，也不能从事由用人单位另行安排的工作的；（二）劳动者不能胜任工作，经过培训或者调整工作岗位，仍不能胜任工作的；（三）劳动合同订立时所依据的客观情况发生重大变化，致使劳动合同无法履行，经用人单位与劳动者协商，未能就变更劳动合同内容达成协议的。

第四十一条 经济性裁员

有下列情形之一，需要裁减人员二十人以上或者裁减不足二十人但占企业职工总数百分之十以上的，用人单位提前三十日向工会或者全体职工说明情况，听取工会或者职工的意见后，裁减人员方案经向劳动行政部门报告，可以裁减人员：（一）依照企业破产法规定进行重整的；（二）生产经营发生严重困难的；（三）企业转产、重大技术革新或者经营方式调整，经变更劳动合同后，仍需裁减人员的；（四）其他因劳动合同订立时所依据的客观经济情况发生重大变化，致使劳动合同无法履行的。裁减人员时，应当优先留用下列人员：（一）与本单位订立较长期限的固定期限劳动合同的；（二）与本单位订立无固定期限劳动合同的；（三）家庭无其他就业人员，有需要扶养的老人或者未成年人的。用人单位依照本条第一款规定裁减人员，在六个月内重新招用人员的，应当通知被裁减的人员，并在同等条件下优先招用被裁减的人员。

第四十二条 用人单位不得解除劳动合同的情形

劳动者有下列情形之一的，用人单位不得依照本法第四十条、第四十一条的规定解除劳动合同：（一）从事接触职业病危害作业的劳动者未进行离岗前职业健康检查，或者疑似职业病病人在诊断或者医学观察期间的；（二）在本单位患职业病或者因工负伤并被确认丧失或者部分丧失劳动能力的；（三）患病或者非因工负伤，在规定的医疗期内的；（四）女职工在孕期、产期、哺乳期的；（五）在本单位连续工作满十五年，且距法定退休年龄不足五年的；（六）法律、行政法规规定的其他情形。

第四十三条　工会在劳动合同解除中的监督作用

用人单位单方解除劳动合同，应当事先将理由通知工会。用人单位违反法律、行政法规规定或者劳动合同约定的，工会有权要求用人单位纠正。用人单位应当研究工会的意见，并将处理结果书面通知工会。

第四十四条　劳动合同的终止

有下列情形之一的，劳动合同终止：（一）劳动合同期满的；（二）劳动者开始依法享受基本养老保险待遇的；（三）劳动者死亡，或者被人民法院宣告死亡或者宣告失踪的；（四）用人单位被依法宣告破产的；（五）用人单位被吊销营业执照、责令关闭、撤销或者用人单位决定提前解散的；（六）法律、行政法规规定的其他情形。

第四十五条　劳动合同的逾期终止

劳动合同期满，有本法第四十二条规定情形之一的，劳动合同应当续延至相应的情形消失时终止。但是，本法第四十二条第二项规定丧失或者部分丧失劳动能力劳动者的劳动合同的终止，按照国家有关工伤保险的规定执行。

第四十六条　经济补偿

有下列情形之一的，用人单位应当向劳动者支付经济补偿：（一）劳动者依照本法第三十八条规定解除劳动合同的；（二）用人单位依照本法第三十六条规定向劳动者提出解除劳动合同并与劳动者协商一致解除劳动合同的；（三）用人单位依照本法第四十条规定解除劳动合同的；（四）用人单位依照本法第四十一条第一款规定解除劳动合同的；（五）除用人单位维持或者提高劳动合同约定条件续订劳动合同，劳动者不同意续订的情形外，依照本法第四十四条第一项规定终止固定期限劳动合同的；（六）依照本法第四十四条第四项、第五项规定终止劳动合同的；（七）法律、行政法规规定的其他情形。

第四十七条 经济补偿的计算

经济补偿按劳动者在本单位工作的年限，每满一年支付一个月工资的标准向劳动者支付。六个月以上不满一年的，按一年计算；不满六个月的，向劳动者支付半个月工资的经济补偿。劳动者月工资高于用人单位所在直辖市、设区的市级人民政府公布的本地区上年度职工月平均工资三倍的，向其支付经济补偿的标准按职工月平均工资三倍的数额支付，向其支付经济补偿的年限最高不超过十二年。本条所称月工资是指劳动者在劳动合同解除或者终止前十二个月的平均工资。

第四十八条 违法解除或者终止劳动合同的法律后果

用人单位违反本法规定解除或者终止劳动合同，劳动者要求继续履行劳动合同的，用人单位应当继续履行；劳动者不要求继续履行劳动合同或者劳动合同已经不能继续履行的，用人单位应当依照本法第八十七条规定支付赔偿金。

第四十九条 社会保险关系跨地区转移接续

国家采取措施，建立健全劳动者社会保险关系跨地区转移接续制度。

第五十条 劳动合同解除或者终止后双方的义务

用人单位应当在解除或者终止劳动合同时出具解除或者终

止劳动合同的证明，并在十五日内为劳动者办理档案和社会保险关系转移手续。劳动者应当按照双方约定，办理工作交接。用人单位依照本法有关规定应当向劳动者支付经济补偿的，在办结工作交接时支付。用人单位对已经解除或者终止的劳动合同的文本，至少保存二年备查。

第五章 特别规定

第五十一条 集体合同的订立和内容

企业职工一方与用人单位通过平等协商，可以就劳动报酬、工作时间、休息休假、劳动安全卫生、保险福利等事项订立集体合同。集体合同草案应当提交职工代表大会或者全体职工讨论通过。集体合同由工会代表企业职工一方与用人单位订立；尚未建立工会的用人单位，由上级工会指导劳动者推举的代表与用人单位订立。

第五十二条 专项集体合同

企业职工一方与用人单位可以订立劳动安全卫生、女职工权益保护、工资调整机制等专项集体合同。

第五十三条 行业性集体合同、区域性集体合同

在县级以下区域内，建筑业、采矿业、餐饮服务业等行业可以由工会与企业方面代表订立行业性集体合同，或者订立区域性集体合同。

第五十四条 集体合同的报送和生效

集体合同订立后，应当报送劳动行政部门；劳动行政部门自收到集体合同文本之日起十五日内未提出异议的，集体合同即行生效。依法订立的集体合同对用人单位和劳动者具有约束力。行业性、区域性集体合同对当地本行业、本区域的用人单位和劳动

者具有约束力。

第五十五条 集体合同中劳动报酬、劳动条件等标准

集体合同中劳动报酬和劳动条件等标准不得低于当地人民政府规定的最低标准；用人单位与劳动者订立的劳动合同中劳动报酬和劳动条件等标准不得低于集体合同规定的标准。

第五十六条 集体合同纠纷和法律救济

用人单位违反集体合同，侵犯职工劳动权益的，工会可以依法要求用人单位承担责任；因履行集体合同发生争议，经协商解决不成的，工会可以依法申请仲裁、提起诉讼。

第五十七条 劳务派遣单位的设立

经营劳务派遣业务应当具备下列条件：（一）注册资本不得少于人民币二百万元；（二）有与开展业务相适应的固定的经营场所和设施；（三）有符合法律、行政法规规定的劳务派遣管理制度；（四）法律、行政法规规定的其他条件。经营劳务派遣业务，应当向劳动行政部门依法申请行政许可；经许可的，依法办理相应的公司登记。未经许可，任何单位和个人不得经营劳务派遣业务。

第五十八条 劳务派遣单位、用工单位及劳动者的权利义务

劳务派遣单位是本法所称用人单位，应当履行用人单位对劳动者的义务。劳务派遣单位与被派遣劳动者订立的劳动合同，除应当载明本法第十七条规定的事项外，还应当载明被派遣劳动者的用工单位以及派遣期限、工作岗位等情况。劳务派遣单位应当与被派遣劳动者订立二年以上的固定期限劳动合同，按月支付劳动报酬；被派遣劳动者在无工作期间，劳务派遣单位应当按照所在地人民政府规定的最低工资标准，向其按月支付报酬。

第五十九条 劳务派遣协议

　　劳务派遣单位派遣劳动者应当与接受以劳务派遣形式用工的单位（以下称用工单位）订立劳务派遣协议。劳务派遣协议应当约定派遣岗位和人员数量、派遣期限、劳动报酬和社会保险费的数额与支付方式以及违反协议的责任。用工单位应当根据工作岗位的实际需要与劳务派遣单位确定派遣期限，不得将连续用工期限分割订立数个短期劳务派遣协议。

第六十条　劳务派遣单位的告知义务

　　劳务派遣单位应当将劳务派遣协议的内容告知被派遣劳动者。劳务派遣单位不得克扣用工单位按照劳务派遣协议支付给被派遣劳动者的劳动报酬。劳务派遣单位和用工单位不得向被派遣劳动者收取费用。

第六十一条　跨地区派遣劳动者的劳动报酬、劳动条件

　　劳务派遣单位跨地区派遣劳动者的，被派遣劳动者享有的劳动报酬和劳动条件，按照用工单位所在地的标准执行。

第六十二条　用工单位的义务

　　用工单位应当履行下列义务：（一）执行国家劳动标准，提供相应的劳动条件和劳动保护；（二）告知被派遣劳动者的工作要求和劳动报酬；（三）支付加班费、绩效奖金，提供与工作岗位相关的福利待遇；（四）对在岗被派遣劳动者进行工作岗位所必需的培训；（五）连续用工的，实行正常的工资调整机制。用工单位不得将被派遣劳动者再派遣到其他用人单位。

第六十三条　被派遣劳动者同工同酬

　　被派遣劳动者享有与用工单位的劳动者同工同酬的权利。用工单位应当按照同工同酬原则，对被派遣劳动者与本单位同类岗位的劳动者实行相同的劳动报酬分配办法。用工单位无同类岗位劳动者的，参照用工单位所在地相同或者相近岗位劳动者的劳动

报酬确定。劳务派遣单位与被派遣劳动者订立的劳动合同和与用工单位订立的劳务派遣协议，载明或者约定的向被派遣劳动者支付的劳动报酬应当符合前款规定。

第六十四条 被派遣劳动者参加或者组织工会

被派遣劳动者有权在劳务派遣单位或者用工单位依法参加或者组织工会，维护自身的合法权益。

第六十五条 劳务派遣中解除劳动合同

被派遣劳动者可以依照本法第三十六条、第三十八条的规定与劳务派遣单位解除劳动合同。被派遣劳动者有本法第三十九条和第四十条第一项、第二项规定情形的，用工单位可以将劳动者退回劳务派遣单位，劳务派遣单位依照本法有关规定，可以与劳动者解除劳动合同。

第六十六条 劳务派遣的适用岗位

劳动合同用工是我国的企业基本用工形式。劳务派遣用工是补充形式，只能在临时性、辅助性或者替代性的工作岗位上实施。前款规定的临时性工作岗位是指存续时间不超过六个月的岗位；辅助性工作岗位是指为主营业务岗位提供服务的非主营业务岗位；替代性工作岗位是指用工单位的劳动者因脱产学习、休假等原因无法工作的一定期间内，可以由其他劳动者替代工作的岗位。用工单位应当严格控制劳务派遣用工数量，不得超过其用工总量的一定比例，具体比例由国务院劳动行政部门规定。

第六十七条 用人单位不得自设劳务派遣单位

用人单位不得设立劳务派遣单位向本单位或者所属单位派遣劳动者。

第六十八条 非全日制用工的概念

非全日制用工，是指以小时计酬为主，劳动者在同一用人单位一般平均每日工作时间不超过四小时，每周工作时间累计不超过二十四小时的用工形式。

第六十九条　非全日制用工的劳动合同

非全日制用工双方当事人可以订立口头协议。从事非全日制用工的劳动者可以与一个或者一个以上用人单位订立劳动合同；但是，后订立的劳动合同不得影响先订立的劳动合同的履行。

第七十条　非全日制用工不得约定试用期

非全日制用工双方当事人不得约定试用期。

第七十一条　非全日制用工的终止用工

非全日制用工双方当事人任何一方都可以随时通知对方终止用工。终止用工，用人单位不向劳动者支付经济补偿。

第七十二条　非全日制用工的劳动报酬

非全日制用工小时计酬标准不得低于用人单位所在地人民政府规定的最低小时工资标准。非全日制用工劳动报酬结算支付周期最长不得超过十五日。

第六章　监督检查

第七十三条　劳动合同制度的监督管理体制

国务院劳动行政部门负责全国劳动合同制度实施的监督管理。县级以上地方人民政府劳动行政部门负责本行政区域内劳动合同制度实施的监督管理。县级以上各级人民政府劳动行政部门在劳动合同制度实施的监督管理工作中，应当听取工会、企业方面代表以及有关行业主管部门的意见。

第七十四条　劳动行政部门监督检查事项

县级以上地方人民政府劳动行政部门依法对下列实施劳动合同制度的情况进行监督检查：（一）用人单位制定直接涉及劳

动者切身利益的规章制度及其执行的情况；（二）用人单位与劳动者订立和解除劳动合同的情况；（三）劳务派遣单位和用工单位遵守劳务派遣有关规定的情况；（四）用人单位遵守国家关于劳动者工作时间和休息休假规定的情况；（五）用人单位支付劳动合同约定的劳动报酬和执行最低工资标准的情况；（六）用人单位参加各项社会保险和缴纳社会保险费的情况；（七）法律、法规规定的其他劳动监察事项。

第七十五条　监督检查措施和依法行政、文明执法

县级以上地方人民政府劳动行政部门实施监督检查时，有权查阅与劳动合同、集体合同有关的材料，有权对劳动场所进行实地检查，用人单位和劳动者都应当如实提供有关情况和材料。劳动行政部门的工作人员进行监督检查，应当出示证件，依法行使职权，文明执法。

第七十六条　其他有关主管部门的监督管理

县级以上人民政府建设、卫生、安全生产监督管理等有关主管部门在各自职责范围内，对用人单位执行劳动合同制度的情况进行监督管理。

第七十七条　工会监督检查的权利

劳动者合法权益受到侵害的，有权要求有关部门依法处理，或者依法申请仲裁、提起诉讼。

第七十八条　劳动者权利救济途径

工会依法维护劳动者的合法权益，对用人单位履行劳动合同、集体合同的情况进行监督。用人单位违反劳动法律、法规和劳动合同、集体合同的，工会有权提出意见或者要求纠正；劳动者申请仲裁、提起诉讼的，工会依法给予支持和帮助。

第七十九条　对违法行为的举报

任何组织或者个人对违反本法的行为都有权举报，县级以上人民政府劳动行政部门应当及时核实、处理，并对举报有功人员给予奖励。

第七章 法律责任

第八十条 规章制度违法的法律责任

用人单位直接涉及劳动者切身利益的规章制度违反法律、法规规定的，由劳动行政部门责令改正，给予警告；给劳动者造成损害的，应当承担赔偿责任。

第八十一条 缺乏必备条款、不提供劳动合同文本的法律责任

用人单位提供的劳动合同文本未载明本法规定的劳动合同必备条款或者用人单位未将劳动合同文本交付劳动者的，由劳动行政部门责令改正；给劳动者造成损害的，应当承担赔偿责任。

第八十二条 不订立书面劳动合同的法律责任

用人单位自用工之日起超过一个月不满一年未与劳动者订立书面劳动合同的，应当向劳动者每月支付二倍的工资。用人单位违反本法规定不与劳动者订立无固定期限劳动合同的，自应当订立无固定期限劳动合同之日起向劳动者每月支付二倍的工资。

第八十三条 违法约定试用期的法律责任

用人单位违反本法规定与劳动者约定试用期的，由劳动行政部门责令改正；违法约定的试用期已经履行的，由用人单位以劳动者试用期满月工资为标准，按已经履行的超过法定试用期的期间向劳动者支付赔偿金。

第八十四条 扣押劳动者身份等证件的法律责任

用人单位违反本法规定，扣押劳动者居民身份证等证件的，由劳动行政部门责令限期退还劳动者本人，并依照有关法律规定

给予处罚。用人单位违反本法规定，以担保或者其他名义向劳动者收取财物的，由劳动行政部门责令限期退还劳动者本人，并以每人五百元以上二千元以下的标准处以罚款；给劳动者造成损害的，应当承担赔偿责任。劳动者依法解除或者终止劳动合同，用人单位扣押劳动者档案或者其他物品的，依照前款规定处罚。

第八十五条 未依法支付劳动报酬、经济补偿等的法律责任

用人单位有下列情形之一的，由劳动行政部门责令限期支付劳动报酬、加班费或者经济补偿；劳动报酬低于当地最低工资标准的，应当支付其差额部分；逾期不支付的，责令用人单位按应付金额百分之五十以上百分之一百以下的标准向劳动者加付赔偿金：（一）未按照劳动合同的约定或者国家规定及时足额支付劳动者劳动报酬的；（二）低于当地最低工资标准支付劳动者工资的；（三）安排加班不支付加班费的；（四）解除或者终止劳动合同，未依照本法规定向劳动者支付经济补偿的。

第八十六条 订立无效劳动合同的法律责任

劳动合同依照本法第二十六条规定被确认无效，给对方造成损害的，有过错的一方应当承担赔偿责任。

第八十七条 违反解除或者终止劳动合同的法律责任

用人单位违反本法规定解除或者终止劳动合同的，应当依照本法第四十七条规定的经济补偿标准的二倍向劳动者支付赔偿金。

第八十八条 侵害劳动者人身权益的法律责任

用人单位有下列情形之一的，依法给予行政处罚；构成犯罪的，依法追究刑事责任；给劳动者造成损害的，应当承担赔偿责任：（一）以暴力、威胁或者非法限制人身自由的手段强迫劳动的；（二）违章指挥或者强令冒险作业危及劳动者人身安全的；（三）侮辱、体罚、殴打、非法搜查或者拘禁劳动者的；（四）

劳动条件恶劣、环境污染严重，给劳动者身心健康造成严重损害的。

第八十九条 不出具解除、终止书面证明的法律责任

用人单位违反本法规定未向劳动者出具解除或者终止劳动合同的书面证明，由劳动行政部门责令改正；给劳动者造成损害的，应当承担赔偿责任。

第九十条 劳动者的赔偿责任

劳动者违反本法规定解除劳动合同，或者违反劳动合同中约定的保密义务或者竞业限制，给用人单位造成损失的，应当承担赔偿责任。

第九十一条 用人单位的连带赔偿责任

用人单位招用与其他用人单位尚未解除或者终止劳动合同的劳动者，给其他用人单位造成损失的，应当承担连带赔偿责任。

第九十二条 劳务派遣单位的法律责任

违反本法规定，未经许可，擅自经营劳务派遣业务的，由劳动行政部门责令停止违法行为，没收违法所得，并处违法所得一倍以上五倍以下的罚款；没有违法所得的，可以处五万元以下的罚款。劳务派遣单位、用工单位违反本法有关劳务派遣规定的，由劳动行政部门责令限期改正；逾期不改正的，以每人五千元以上一万元以下的标准处以罚款，对劳务派遣单位，吊销其劳务派遣业务经营许可证。用工单位给被派遣劳动者造成损害的，劳务派遣单位与用工单位承担连带赔偿责任。

第九十三条 无营业执照经营单位的法律责任

对不具备合法经营资格的用人单位的违法犯罪行为，依法追究法律责任；劳动者已经付出劳动的，该单位或者其出资人应当依照本法有关规定向劳动者支付劳动报酬、经济补偿、赔偿金；给劳动者造成损害的，应当承担赔偿责任。

第九十四条 个人承包经营者的连带赔偿责任

个人承包经营违反本法规定招用劳动者，给劳动者造成损害的，发包的组织与个人承包经营者承担连带赔偿责任。

第九十五条 不履行法定职责、违法行使职权的法律责任

劳动行政部门和其他有关主管部门及其工作人员玩忽职守、不履行法定职责，或者违法行使职权，给劳动者或者用人单位造成损害的，应当承担赔偿责任；对直接负责的主管人员和其他直接责任人员，依法给予行政处分；构成犯罪的，依法追究刑事责任。

第八章 附则

第九十六条 事业单位聘用制劳动合同的法律适用

事业单位与实行聘用制的工作人员订立、履行、变更、解除或者终止劳动合同，法律、行政法规或者国务院另有规定的，依照其规定；未作规定的，依照本法有关规定执行。

第九十七条 过渡性条款

本法施行前已依法订立且在本法施行之日存续的劳动合同，继续履行；本法第十四条第二款第三项规定连续订立固定期限劳动合同的次数，自本法施行后续订固定期限劳动合同时开始计算。本法施行前已建立劳动关系，尚未订立书面劳动合同的，应当自本法施行之日起一个月内订立。本法施行之日存续的劳动合同在本法施行后解除或者终止，依照本法第四十六条规定应当支付经济补偿的，经济补偿年限自本法施行之日起计算；本法施行前按照当时有关规定，用人单位应当向劳动者支付经济补偿的，按照当时有关规定执行。

第九十八条 施行时间

本法自 2008 年 1 月 1 日起施行。

附录二：《中华人民共和国社会保险法》

中华人民共和国社会保险法(2018 修正)

基本信息

◇发文字号　　中华人民共和国主席令第二十五号

◇效力级别　　法律

◇时效性　　　现行有效

◇发布日期　　2018-12-29

◇实施日期　　2018-12-29

◇发布机关　　全国人大常委会

法律修订

★2010 年 10 月 28 日第十一届全国人民代表大会常务委员会第十七次会议通过

★根据 2018 年 12 月 29 日第十三届全国人民代表大会常务委员会第七次会议《关于修改〈中华人民共和国社会保险法〉的决定》修正

正文

第一章　总则

第一条

为了规范社会保险关系，维护公民参加社会保险和享受社会保险待遇的合法权益，使公民共享发展成果，促进社会和谐稳定，根据宪法，制定本法。

第二条

国家建立基本养老保险、基本医疗保险、工伤保险、失业保险、生育保险等社会保险制度，保障公民在年老、疾病、工伤、失业、生育等情况下依法从国家和社会获得物质帮助的权利。

第三条

社会保险制度坚持广覆盖、保基本、多层次、可持续的方针，社会保险水平应当与经济社会发展水平相适应。

第四条

中华人民共和国境内的用人单位和个人依法缴纳社会保险费，有权查询缴费记录、个人权益记录，要求社会保险经办机构提供社会保险咨询等相关服务。个人依法享受社会保险待遇，有权监督本单位为其缴费情况。

第五条

县级以上人民政府将社会保险事业纳入国民经济和社会发展规划。国家多渠道筹集社会保险资金。县级以上人民政府对社会保险事业给予必要的经费支持。国家通过税收优惠政策支持社会保险事业。

第六条

国家对社会保险基金实行严格监管。国务院和省、自治区、直辖市人民政府建立健全社会保险基金监督管理制度，保障社会保险基金安全、有效运行。县级以上人民政府采取措施，鼓励和支持社会各方面参与社会保险基金的监督。

第七条

国务院社会保险行政部门负责全国的社会保险管理工作，国务院其他有关部门在各自的职责范围内负责有关的社会保险工作。县级以上地方人民政府社会保险行政部门负责本行政区域的社会保险管理工作，县级以上地方人民政府其他有关部门在各自的职责范围内负责有关的社会保险工作。

第八条

社会保险经办机构提供社会保险服务，负责社会保险登记、个人权益记录、社会保险待遇支付等工作。

第九条

工会依法维护职工的合法权益，有权参与社会保险重大事项的研究，参加社会保险监督委员会，对与职工社会保险权益有关的事项进行监督。

第二章 基本养老保险

第十条

职工应当参加基本养老保险，由用人单位和职工共同缴纳基本养老保险费。无雇工的个体工商户、未在用人单位参加基本养老保险的非全日制从业人员以及其他灵活就业人员可以参加基本养老保险，由个人缴纳基本养老保险费。公务员和参照公务员法管理的工作人员养老保险的办法由国务院规定。

第十一条

基本养老保险实行社会统筹与个人账户相结合。基本养老保险基金由用人单位和个人缴费以及政府补贴等组成。

第十二条

用人单位应当按照国家规定的本单位职工工资总额的比例缴纳基本养老保险费，记入基本养老保险统筹基金。职工应当按照国家规定的本人工资的比例缴纳基本养老保险费，记入个人账户。无雇工的个体工商户、未在用人单位参加基本养老保险的非全日制从业人员以及其他灵活就业人员参加基本养老保险的，应当按照国家规定缴纳基本养老保险费，分别记入基本养老保险统筹基金和个人账户。

第十三条

国有企业、事业单位职工参加基本养老保险前，视同缴费年限期间应当缴纳的基本养老保险费由政府承担。基本养老保险基金出现支付不足时，政府给予补贴。

第十四条

个人账户不得提前支取，记账利率不得低于银行定期存款利率，免征利息税。个人死亡的，个人账户余额可以继承。

第十五条

基本养老金由统筹养老金和个人账户养老金组成。基本养老金根据个人累计缴费年限、缴费工资、当地职工平均工资、个人账户金额、城镇人口平均预期寿命等因素确定。

第十六条

参加基本养老保险的个人，达到法定退休年龄时累计缴费满十五年的，按月领取基本养老金。参加基本养老保险的个人，达到法定退休年龄时累计缴费不足十五年的，可以缴费至满十五年，按月领取基本养老金；也可以转入新型农村社会养老保险或者城镇居民社会养老保险，按照国务院规定享受相应的养老保险待遇。

第十七条

参加基本养老保险的个人，因病或者非因工死亡的，其遗属可以领取丧葬补助金和抚恤金；在未达到法定退休年龄时因病或者非因工致残完全丧失劳动能力的，可以领取病残津贴。所需资金从基本养老保险基金中支付。

第十八条

国家建立基本养老金正常调整机制。根据职工平均工资增长、物价上涨情况，适时提高基本养老保险待遇水平。

第十九条

个人跨统筹地区就业的，其基本养老保险关系随本人转移，缴费年限累计计算。个人达到法定退休年龄时，基本养老金分段计算、统一支付。具体办法由国务院规定。

第二十条

国家建立和完善新型农村社会养老保险制度。新型农村社会养老保险实行个人缴费、集体补助和政府补贴相结合。

第二十一条

新型农村社会养老保险待遇由基础养老金和个人账户养老金组成。参加新型农村社会养老保险的农村居民，符合国家规定条件的，按月领取新型农村社会养老保险待遇。

第二十二条

国家建立和完善城镇居民社会养老保险制度。省、自治区、直辖市人民政府根据实际情况，可以将城镇居民社会养老保险和新型农村社会养老保险合并实施。

第三章　基本医疗保险

第二十三条

职工应当参加职工基本医疗保险，由用人单位和职工按照国家规定共同缴纳基本医疗保险费。无雇工的个体工商户、未在用人单位参加职工基本医疗保险的非全日制从业人员以及其他灵活就业人员可以参加职工基本医疗保险，由个人按照国家规定缴纳基本医疗保险费。

第二十四条

国家建立和完善新型农村合作医疗制度。新型农村合作医疗的管理办法，由国务院规定。

第二十五条

国家建立和完善城镇居民基本医疗保险制度。城镇居民基本医疗保险实行个人缴费和政府补贴相结合。享受最低生活保障的人、丧失劳动能力的残疾人、低收入家庭六十周岁以上的老年人和未成年人等所需个人缴费部分，由政府给予补贴。

第二十六条

职工基本医疗保险、新型农村合作医疗和城镇居民基本医疗保险的待遇标准按照国家规定执行。

第二十七条

参加职工基本医疗保险的个人，达到法定退休年龄时累计缴费达到国家规定年限的，退休后不再缴纳基本医疗保险费，按照国家规定享受基本医疗保险待遇；未达到国家规定年限的，可以缴费至国家规定年限。

第二十八条

符合基本医疗保险药品目录、诊疗项目、医疗服务设施标准以及急诊、抢救的医疗费用，按照国家规定从基本医疗保险基金中支付。

第二十九条

参保人员医疗费用中应当由基本医疗保险基金支付的部分，由社会保险经办机构与医疗机构、药品经营单位直接结算。社会保险行政部门和卫生行政部门应当建立异地就医医疗费用结算制度，方便参保人员享受基本医疗保险待遇。

第三十条

下列医疗费用不纳入基本医疗保险基金支付范围：（一）应

当从工伤保险基金中支付的；（二）应当由第三人负担的；（三）
应当由公共卫生负担的；（四）在境外就医的。医疗费用依法应
当由第三人负担，第三人不支付或者无法确定第三人的，由基本
医疗保险基金先行支付。基本医疗保险基金先行支付后，有权向
第三人追偿。

第三十一条

社会保险经办机构根据管理服务的需要，可以与医疗机构、
药品经营单位签订服务协议，规范医疗服务行为。医疗机构应当
为参保人员提供合理、必要的医疗服务。

第三十二条

个人跨统筹地区就业的，其基本医疗保险关系随本人转移，
缴费年限累计计算。

第四章 工伤保险

第三十三条

职工应当参加工伤保险，由用人单位缴纳工伤保险费，职工
不缴纳工伤保险费。

第三十四条

国家根据不同行业的工伤风险程度确定行业的差别费率，并
根据使用工伤保险基金、工伤发生率等情况在每个行业内确定费
率档次。行业差别费率和行业内费率档次由国务院社会保险行政
部门制定，报国务院批准后公布施行。社会保险经办机构根据用
人单位使用工伤保险基金、工伤发生率和所属行业费率档次等情
况，确定用人单位缴费费率。

第三十五条

用人单位应当按照本单位职工工资总额，根据社会保险经办

机构确定的费率缴纳工伤保险费。

第三十六条

职工因工作原因受到事故伤害或者患职业病，且经工伤认定的，享受工伤保险待遇；其中，经劳动能力鉴定丧失劳动能力的，享受伤残待遇。工伤认定和劳动能力鉴定应当简捷、方便。

第三十七条

职工因下列情形之一导致本人在工作中伤亡的，不认定为工伤：（一）故意犯罪；（二）醉酒或者吸毒；（三）自残或者自杀；（四）法律、行政法规规定的其他情形。

第三十八条

因工伤发生的下列费用，按照国家规定从工伤保险基金中支付：（一）治疗工伤的医疗费用和康复费用；（二）住院伙食补助费；（三）到统筹地区以外就医的交通食宿费；（四）安装配置伤残辅助器具所需费用；（五）生活不能自理的，经劳动能力鉴定委员会确认的生活护理费；（六）一次性伤残补助金和一至四级伤残职工按月领取的伤残津贴；（七）终止或者解除劳动合同时，应当享受的一次性医疗补助金；（八）因工死亡的，其遗属领取的丧葬补助金、供养亲属抚恤金和因工死亡补助金；（九）劳动能力鉴定费。

第三十九条

因工伤发生的下列费用，按照国家规定由用人单位支付：（一）治疗工伤期间的工资福利；（二）五级、六级伤残职工按月领取的伤残津贴；（三）终止或者解除劳动合同时，应当享受的一次性伤残就业补助金。

第四十条

工伤职工符合领取基本养老金条件的，停发伤残津贴，享受基本养老保险待遇。基本养老保险待遇低于伤残津贴的，从工伤保险基金中补足差额。

第四十一条

职工所在用人单位未依法缴纳工伤保险费，发生工伤事故的，由用人单位支付工伤保险待遇。用人单位不支付的，从工伤保险基金中先行支付。从工伤保险基金中先行支付的工伤保险待遇应当由用人单位偿还。用人单位不偿还的，社会保险经办机构可以依照本法第六十三条的规定追偿。

第四十二条

由于第三人的原因造成工伤，第三人不支付工伤医疗费用或者无法确定第三人的，由工伤保险基金先行支付。工伤保险基金先行支付后，有权向第三人追偿。

第四十三条

工伤职工有下列情形之一的，停止享受工伤保险待遇：（一）丧失享受待遇条件的；（二）拒不接受劳动能力鉴定的；（三）拒绝治疗的。

第五章 失业保险

第四十四条

职工应当参加失业保险，由用人单位和职工按照国家规定共同缴纳失业保险费。

第四十五条

失业人员符合下列条件的，从失业保险基金中领取失业保险金：（一）失业前用人单位和本人已经缴纳失业保险费满一年的；（二）非因本人意愿中断就业的；（三）已经进行失业登记，并有求职要求的。

第四十六条

失业人员失业前用人单位和本人累计缴费满一年不足五年的，领取失业保险金的期限最长为十二个月；累计缴费满五年不足十年的，领取失业保险金的期限最长为十八个月；累计缴费十年以上的，领取失业保险金的期限最长为二十四个月。重新就业后，再次失业的，缴费时间重新计算，领取失业保险金的期限与前次失业应当领取而尚未领取的失业保险金的期限合并计算，最长不超过二十四个月。

第四十七条

失业保险金的标准，由省、自治区、直辖市人民政府确定，不得低于城市居民最低生活保障标准。

第四十八条

失业人员在领取失业保险金期间，参加职工基本医疗保险，享受基本医疗保险待遇。失业人员应当缴纳的基本医疗保险费从失业保险基金中支付，个人不缴纳基本医疗保险费。

第四十九条

失业人员在领取失业保险金期间死亡的，参照当地对在职职工死亡的规定，向其遗属发给一次性丧葬补助金和抚恤金。所需资金从失业保险基金中支付。个人死亡同时符合领取基本养老保险丧葬补助金、工伤保险丧葬补助金和失业保险丧葬补助金条件的，其遗属只能选择领取其中的一项。

第五十条

用人单位应当及时为失业人员出具终止或者解除劳动关系的证明，并将失业人员的名单自终止或者解除劳动关系之日起十五日内告知社会保险经办机构。失业人员应当持本单位为其出具的终止或者解除劳动关系的证明，及时到指定的公共就业服务机构办理失业登记。失业人员凭失业登记证明和个人身份证明，到社会保险经办机构办理领取失业保险金的手续。失业保险金领取期限自办理失业登记之日起计算。

第五十一条

失业人员在领取失业保险金期间有下列情形之一的，停止领取失业保险金，并同时停止享受其他失业保险待遇：（一）重新就业的；（二）应征服兵役的；（三）移居境外的；（四）享受基本养老保险待遇的；（五）无正当理由，拒不接受当地人民政府指定部门或者机构介绍的适当工作或者提供的培训的。

第五十二条

职工跨统筹地区就业的，其失业保险关系随本人转移，缴费年限累计计算。

第六章　生育保险

第五十三条

职工应当参加生育保险，由用人单位按照国家规定缴纳生育保险费，职工不缴纳生育保险费。

第五十四条

用人单位已经缴纳生育保险费的，其职工享受生育保险待遇；职工未就业配偶按照国家规定享受生育医疗费用待遇。所需资金从生育保险基金中支付。生育保险待遇包括生育医疗费用和生育津贴。

第五十五条

生育医疗费用包括下列各项：（一）生育的医疗费用；（二）计划生育的医疗费用；（三）法律、法规规定的其他项目费用。

第五十六条

职工有下列情形之一的，可以按照国家规定享受生育津贴：（一）女职工生育享受产假；（二）享受计划生育手术休假；（三）法律、法规规定的其他情形。生育津贴按照职工所在用人单位上年度职工月平均工资计发。

第七章 社会保险费征缴

第五十七条

用人单位应当自成立之日起三十日内凭营业执照、登记证书或者单位印章，向当地社会保险经办机构申请办理社会保险登记。社会保险经办机构应当自收到申请之日起十五日内予以审核，发给社会保险登记证件。用人单位的社会保险登记事项发生变更或者用人单位依法终止的，应当自变更或者终止之日起三十日内，到社会保险经办机构办理变更或者注销社会保险登记。市场监督管理部门、民政部门和机构编制管理机关应当及时向社会保险经办机构通报用人单位的成立、终止情况，公安机关应当及时向社会保险经办机构通报个人的出生、死亡以及户口登记、迁移、注销等情况。

第五十八条

用人单位应当自用工之日起三十日内为其职工向社会保险经办机构申请办理社会保险登记。未办理社会保险登记的，由社会保险经办机构核定其应当缴纳的社会保险费。自愿参加社会保险的无雇工的个体工商户、未在用人单位参加社会保险的非全日制从业人员以及其他灵活就业人员，应当向社会保险经办机构申请办理社会保险登记。国家建立全国统一的个人社会保障号码。个人社会保障号码为公民身份号码。

第五十九条

县级以上人民政府加强社会保险费的征收工作。社会保险费实行统一征收，实施步骤和具体办法由国务院规定。

第六十条

用人单位应当自行申报、按时足额缴纳社会保险费，非因不可抗力等法定事由不得缓缴、减免。职工应当缴纳的社会保险费由用人单位代扣代缴，用人单位应当按月将缴纳社会保险费的明细情况告知本人。无雇工的个体工商户、未在用人单位参加社会保险的非全日制从业人员以及其他灵活就业人员，可以直接向社会保险费征收机构缴纳社会保险费。

第六十一条

社会保险费征收机构应当依法按时足额征收社会保险费，并将缴费情况定期告知用人单位和个人。

第六十二条

用人单位未按规定申报应当缴纳的社会保险费数额的，按照该单位上月缴费额的百分之一百一十确定应当缴纳数额；缴费单位补办申报手续后，由社会保险费征收机构按照规定结算。

第六十三条

用人单位未按时足额缴纳社会保险费的，由社会保险费征收机构责令其限期缴纳或者补足。用人单位逾期仍未缴纳或者补足社会保险费的，社会保险费征收机构可以向银行和其他金融机构查询其存款账户；并可以申请县级以上有关行政部门作出划拨社会保险费的决定，书面通知其开户银行或者其他金融机构划拨社会保险费。用人单位账户余额少于应当缴纳的社会保险费的，社会保险费征收机构可以要求该用人单位提供担保，签订延期缴费协议。用人单位未足额缴纳社会保险费且未提供担保的，社会保险费征收机构可以申请人民法院扣押、查封、拍卖其价值相当于应当缴纳社会保险费的财产，以拍卖所得抵缴社会保险费。

第八章 社会保险基金

第六十四条

社会保险基金包括基本养老保险基金、基本医疗保险基金、工伤保险基金、失业保险基金和生育保险基金。除基本医疗保险基金与生育保险基金合并建账及核算外，其他各项社会保险基金按照社会保险险种分别建账，分账核算。社会保险基金执行国家统一的会计制度。社会保险基金专款专用，任何组织和个人不得侵占或者挪用。基本养老保险基金逐步实行全国统筹，其他社会保险基金逐步实行省级统筹，具体时间、步骤由国务院规定。

第六十五条

社会保险基金通过预算实现收支平衡。县级以上人民政府在社会保险基金出现支付不足时，给予补贴。

第六十六条

社会保险基金按照统筹层次设立预算。除基本医疗保险基金与生育保险基金预算合并编制外，其他社会保险基金预算按照社会保险项目分别编制。

第六十七条

社会保险基金预算、决算草案的编制、审核和批准，依照法律和国务院规定执行。

第六十八条

社会保险基金存入财政专户，具体管理办法由国务院规定。

第六十九条

社会保险基金在保证安全的前提下，按照国务院规定投资运营实现保值增值。社会保险基金不得违规投资运营，不得用于平衡其他政府预算，不得用于兴建、改建办公场所和支付人员经费、运行费用、管理费用，或者违反法律、行政法规规定挪作其他用途。

第七十条

社会保险经办机构应当定期向社会公布参加社会保险情况以及社会保险基金的收入、支出、结余和收益情况。

第七十一条

国家设立全国社会保障基金，由中央财政预算拨款以及国务院批准的其他方式筹集的资金构成，用于社会保障支出的补充、调剂。全国社会保障基金由全国社会保障基金管理运营机构负责管理运营，在保证安全的前提下实现保值增值。全国社会保障基金应当定期向社会公布收支、管理和投资运营的情况。国务院财政部门、社会保险行政部门、审计机关对全国社会保障基金的收支、管理和投资运营情况实施监督。

第九章 社会保险经办

第七十二条

统筹地区设立社会保险经办机构。社会保险经办机构根据工作需要，经所在地的社会保险行政部门和机构编制管理机关批准，可以在本统筹地区设立分支机构和服务网点。社会保险经办机构的人员经费和经办社会保险发生的基本运行费用、管理费用，由同级财政按照国家规定予以保障。

第七十三条

社会保险经办机构应当建立健全业务、财务、安全和风险管理制度。社会保险经办机构应当按时足额支付社会保险待遇。

第七十四条

社会保险经办机构通过业务经办、统计、调查获取社会保险工作所需的数据，有关单位和个人应当及时、如实提供。社会保险经办机构应当及时为用人单位建立档案，完整、准确地记录参加社会保险的人员、缴费等社会保险数据，妥善保管登记、申报的原始凭证和支付结算的会计凭证。社会保险经办机构应当及时、完整、准确地记录参加社会保险的个人缴费和用人单位为其缴费，以及享受社会保险待遇等个人权益记录，定期将个人权益记录单免费寄送本人。用人单位和个人可以免费向社会保险经办机构查询、核对其缴费和享受社会保险待遇记录，要求社会保险经办机构提供社会保险咨询等相关服务。

第七十五条

全国社会保险信息系统按照国家统一规划，由县级以上人民政府按照分级负责的原则共同建设。

第十章 社会保险监督

第七十六条

各级人民代表大会常务委员会听取和审议本级人民政府对社会保险基金的收支、管理、投资运营以及监督检查情况的专项工作报告，组织对本法实施情况的执法检查等，依法行使监督职权。

第七十七条

县级以上人民政府社会保险行政部门应当加强对用人单位和个人遵守社会保险法律、法规情况的监督检查。社会保险行政部门实施监督检查时，被检查的用人单位和个人应当如实提供与社会保险有关的资料，不得拒绝检查或者谎报、瞒报。

第七十八条

财政部门、审计机关按照各自职责，对社会保险基金的收支、管理和投资运营情况实施监督。

第七十九条

社会保险行政部门对社会保险基金的收支、管理和投资运营情况进行监督检查，发现存在问题的，应当提出整改建议，依法作出处理决定或者向有关行政部门提出处理建议。社会保险基金检查结果应当定期向社会公布。社会保险行政部门对社会保险基金实施监督检查，有权采取下列措施：（一）查阅、记录、复制与社会保险基金收支、管理和投资运营相关的资料，对可能被转移、隐匿或者灭失的资料予以封存；（二）询问与调查事项有关的单位和个人，要求其对与调查事项有关的问题作出说明、提供有关证明材料；（三）对隐匿、转移、侵占、挪用社会保险基金的行为予以制止并责令改正。

第八十条

统筹地区人民政府成立由用人单位代表、参保人员代表，以及工会代表、专家等组成的社会保险监督委员会，掌握、分析社会保险基金的收支、管理和投资运营情况，对社会保险工作提出咨询意见和建议，实施社会监督。社会保险经办机构应当定期向社会保险监督委员会汇报社会保险基金的收支、管理和投资运营情况。社会保险监督委员会可以聘请会计师事务所对社会保险基金的收支、管理和投资运营情况进行年度审计和专项审计。审计结果应当向社会公开。社会保险监督委员会发现社会保险基金收支、管理和投资运营中存在问题的，有权提出改正建议；对社会保险经办机构及其工作人员的违法行为，有权向有关部门提出依法处理建议。

第八十一条

社会保险行政部门和其他有关行政部门、社会保险经办机构、社会保险费征收机构及其工作人员，应当依法为用人单位和个人的信息保密，不得以任何形式泄露。

第八十二条

任何组织或者个人有权对违反社会保险法律、法规的行为进行举报、投诉。社会保险行政部门、卫生行政部门、社会保险经办机构、社会保险费征收机构和财政部门、审计机关对属于本部门、本机构职责范围的举报、投诉，应当依法处理；对不属于本部门、本机构职责范围的，应当书面通知并移交有权处理的部门、机构处理。有权处理的部门、机构应当及时处理，不得推诿。

第八十三条

用人单位或者个人认为社会保险费征收机构的行为侵害自己合法权益的，可以依法申请行政复议或者提起行政诉讼。用人单位或者个人对社会保险经办机构不依法办理社会保险登记、核定社会保险费、支付社会保险待遇、办理社会保险转移接续手续或者侵害其他社会保险权益的行为，可以依法申请行政复议或者提起行政诉讼。个人与所在用人单位发生社会保险争议的，可以依法申请调解、仲裁，提起诉讼。用人单位侵害个人社会保险权益的，个人也可以要求社会保险行政部门或者社会保险费征收机构依法处理。

第十一章 法律责任

第八十四条

用人单位不办理社会保险登记的，由社会保险行政部门责令限期改正；逾期不改正的，对用人单位处应缴社会保险费数额一倍以上三倍以下的罚款，对其直接负责的主管人员和其他直接责任人员处五百元以上三千元以下的罚款。

第八十五条

用人单位拒不出具终止或者解除劳动关系证明的，依照《中华人民共和国劳动合同法》的规定处理。

第八十六条

用人单位未按时足额缴纳社会保险费的，由社会保险费征收机构责令限期缴纳或者补足，并自欠缴之日起，按日加收万分之五的滞纳金；逾期仍不缴纳的，由有关行政部门处欠缴数额一倍以上三倍以下的罚款。

第八十七条

社会保险经办机构以及医疗机构、药品经营单位等社会保险服务机构以欺诈、伪造证明材料或者其他手段骗取社会保险基金支出的，由社会保险行政部门责令退回骗取的社会保险金，处骗取金额二倍以上五倍以下的罚款；属于社会保险服务机构的，解除服务协议；直接负责的主管人员和其他直接责任人员有执业资格的，依法吊销其执业资格。

第八十八条

以欺诈、伪造证明材料或者其他手段骗取社会保险待遇的，由社会保险行政部门责令退回骗取的社会保险金，处骗取金额二倍以上五倍以下的罚款。

第八十九条

社会保险经办机构及其工作人员有下列行为之一的，由社会保险行政部门责令改正；给社会保险基金、用人单位或者个人造成损失的，依法承担赔偿责任；对直接负责的主管人员和其他直接责任人员依法给予处分：（一）未履行社会保险法定职责的；（二）未将社会保险基金存入财政专户的；（三）克扣或者拒不按时支付社会保险待遇的；（四）丢失或者篡改缴费记录、享受社会保险待遇记录等社会保险数据、个人权益记录的；（五）有违反社会保险法律、法规的其他行为的。

第九十条

社会保险费征收机构擅自更改社会保险费缴费基数、费率，导致少收或者多收社会保险费的，由有关行政部门责令其追缴应当缴纳的社会保险费或者退还不应当缴纳的社会保险费；对直接负责的主管人员和其他直接责任人员依法给予处分。

第九十一条

违反本法规定，隐匿、转移、侵占、挪用社会保险基金或者违规投资运营的，由社会保险行政部门、财政部门、审计机关责令追回；有违法所得的，没收违法所得；对直接负责的主管人员和其他直接责任人员依法给予处分。

第九十二条

社会保险行政部门和其他有关行政部门、社会保险经办机构、社会保险费征收机构及其工作人员泄露用人单位和个人信息的，对直接负责的主管人员和其他直接责任人员依法给予处分；给用人单位或者个人造成损失的，应当承担赔偿责任。

第九十三条

国家工作人员在社会保险管理、监督工作中滥用职权、玩忽职守、徇私舞弊的，依法给予处分。

第九十四条

违反本法规定，构成犯罪的，依法追究刑事责任。

第十二章　附则

第九十五条

进城务工的农村居民依照本法规定参加社会保险。

第九十六条

征收农村集体所有的土地，应当足额安排被征地农民的社会保险费，按照国务院规定将被征地农民纳入相应的社会保险制度。

第九十七条

外国人在中国境内就业的，参照本法规定参加社会保险。

第九十八条

本法自 2011 年 7 月 1 日起施行。

附录三：**2020 年住房公积金管理条例**

2020 年住房公积金管理条例全文（修订版）

第一章 总则

第一条

为了加强对住房公积金的管理，维护住房公积金所有者的合法权益，促进城镇住房建设，提高城镇居民的居住水平，制定本条例。

第二条

本条例适用于中华人民共和国境内住房公积金的缴存、提取、使用、管理和监督。本条例所称住房公积金，是指国家机关、国有企业、城镇集体企业、外商投资企业、城镇私营企业及其他城镇企业、事业单位、民办非企业单位、社会团体(以下统称单位)及其在职职工缴存的长期住房储金。

第三条

职工个人缴存的住房公积金和职工所在单位为职工缴存的住房公积金，属于职工个人所有。

第四条

住房公积金的管理实行住房公积金管理委员会决策、住房公积金管理中心运作、银行专户存储、财政监督的原则。

第五条

住房公积金应当用于职工购买、建造、翻建、大修自住住房，任何单位和个人不得挪作他用。

第六条

住房公积金的存、贷利率由中国人民银行提出，经征求国务院建设行政主管部门的意见后，报国务院批准。

第七条

国务院建设行政主管部门会同国务院财政部门、中国人民银行拟定住房公积金政策，并监督执行。省、自治区人民政府建设行政主管部门会同同级财政部门以及中国人民银行分支机构，负责本行政区域内住房公积金管理法规、政策执行情况的监督。

第二章 机构及其职责

第八条

直辖市和省、自治区人民政府所在地的市以及其他设区的市（地、州、盟），应当设立住房公积金管理委员会，作为住房公积金管理的决策机构。住房公积金管理委员会的成员中，人民政府负责人和建设、财政、人民银行等有关部门负责人以及有关专家占 1/3，工会代表和职工代表占 1/3，单位代表占 1/3。住房公积金管理委员会主任应当由具有社会公信力的人士担任。

第九条

住房公积金管理委员会在住房公积金管理方面履行下列职责：（一）依据有关法律、法规和政策，制定和调整住房公积金的具体管理措施，并监督实施；（二）根据本条例第十八条的规定，拟订住房公积金的具体缴存比例；（三）确定住房公积金的最高贷款额度；（四）审批住房公积金归集、使用计划；（五）审议住房公积金增值收益分配方案；（六）审批住房公积金归集、使用计划执行情况的报告。

第十条

直辖市和省、自治区人民政府所在地的市以及其他设区的市（地、州、盟）应当按照精简、效能的原则，设立一个住房公积金管理中心，负责住房公积金的管理运作。县(市)不设立住房公积金管理中心。前款规定的住房公积金管理中心可以在有条件的县(市)设立分支机构。住房公积金管理中心与其分支机构应当实行统一的规章制度，进行统一核算。住房公积金管理中心是直属城市人民政府的不以营利为目的的独立的事业单位。

第十一条

住房公积金管理中心履行下列职责：(一)编制、执行住房公积金的归集、使用计划；(二)负责记载职工住房公积金的缴存、提取、使用等情况；(三)负责住房公积金的核算；(四)审批住房公积金的提取、使用；(五)负责住房公积金的保值和归还；(六)编制住房公积金归集、使用计划执行情况的报告；(七)承办住房公积金管理委员会决定的其他事项。

第十二条

住房公积金管理委员会应当按照中国人民银行的有关规定，指定受委托办理住房公积金金融业务的商业银行(以下简称受委托银行)；住房公积金管理中心应当委托受委托银行办理住房公积金贷款、结算等金融业务和住房公积金账户的设立、缴存、归还等手续。住房公积金管理中心应当与受委托银行签订委托合同。

第三章　缴存

第十三条

住房公积金管理中心应当在受委托银行设立住房公积金专户。单位应当向住房公积金管理中心办理住房公积金缴存登记，并为本单位职工办理住房公积金账户设立手续。每个职工只能有一个住房公积金账户。住房公积金管理中心应当建立职工住房公积金明细账，记载职工个人住房公积金的缴存、提取等情况。

第十四条

新设立的单位应当自设立之日起 30 日内向住房公积金管理中心办理住房公积金缴存登记，并自登记之日起 20 日内，为本单位职工办理住房公积金账户设立手续。单位合并、分立、撤销、解散或者破产的，应当自发生上述情况之日起 30 日内由原单位或者清算组织向住房公积金管理中心办理变更登记或者注销登记，并自办妥变更登记或者注销登记之日起 20 日内，为本单位职工办理住房公积金账户转移或者封存手续。

第十五条

单位录用职工的，应当自录用之日起 30 日内向住房公积金管理中心办理缴存登记，并办理职工住房公积金账户的设立或者转移手续。单位与职工终止劳动关系的，单位应当自劳动关系终止之日起 30 日内向住房公积金管理中心办理变更登记，并办理职工住房公积金账户转移或者封存手续。

第十六条

职工住房公积金的月缴存额为职工本人上一年度月平均工资乘以职工住房公积金缴存比例。单位为职工缴存的住房公积金的月缴存额为职工本人上一年度月平均工资乘以单位住房公积金缴存比例。

第十七条

新参加工作的职工从参加工作的第二个月开始缴存住房公积金，月缴存额为职工本人当月工资乘以职工住房公积金缴存比例。单位新调入的职工从调入单位发放工资之日起缴存住房公积金，月缴存额为职工本人当月工资乘以职工住房公积金缴存比例。

第十八条

职工和单位住房公积金的缴存比例均不得低于职工上一年度月平均工资的 5%；有条件的城市，可以适当提高缴存比例。具体缴存比例由住房公积金管理委员会拟订，经本级人民政府审核后，报省、自治区、直辖市人民政府批准。

第十九条

职工个人缴存的住房公积金，由所在单位每月从其工资中代扣代缴。单位应当于每月发放职工工资之日起 5 日内将单位缴存的和为职工代缴的住房公积金汇缴到住房公积金专户内，由受委托银行计入职工住房公积金账户。

第二十条

单位应当按时、足额缴存住房公积金，不得逾期缴存或者少缴。对缴存住房公积金确有困难的单位，经本单位职工代表大会或者工会讨论通过，并经住房公积金管理中心审核，报住房公积金管理委员会批准后，可以降低缴存比例或者缓缴；待单位经济效益好转后，再提高缴存比例或者补缴缓缴。

第二十一条

住房公积金自存入职工住房公积金账户之日起按照国家规定的利率计息。

第二十二条

住房公积金管理中心应当为缴存住房公积金的职工发放缴存住房公积金的有效凭证。

第二十三条

单位为职工缴存的住房公积金，按照下列规定列支：（一）机关在预算中列支；（二）事业单位由财政部门核定收支后，在预算或者费用中列支；（三）企业在成本中列支。

第四章 提取和使用

第二十四条

职工有下列情形之一的，可以提取职工住房公积金账户内的存储余额：（一）购买、建造、翻建、大修自住住房的；（二）离休、退休的；（三）完全丧失劳动能力，并与单位终止劳动关系的；（四）出境定居的；（五）偿还购房贷款本息的；（六）房租超出家庭工资收入的规定比例的。依照前款第（二）、（三）、（四）项规定，提取职工住房公积金的，应当同时注销职工住房公积金账户。职工死亡或者被宣告死亡的，职工的继承人、受遗赠人可以提取职工住房公积金账户内的存储余额；无继承人也无受遗赠人的，职工住房公积金账户内的存储余额纳入住房公积金的增值收益。

第二十五条

职工提取住房公积金账户内的存储余额的，所在单位应当予以核实，并出具提取证明。职工应当持提取证明向住房公积金管理中心申请提取住房公积金。住房公积金管理中心应当自受理申请之日起 3 日内作出准予提取或者不准提取的决定，并通知申请人；准予提取的，由受委托银行办理支付手续。

第二十六条

缴存住房公积金的职工，在购买、建造、翻建、大修自住住房时，可以向住房公积金管理中心申请住房公积金贷款。住房公积金管理中心应当自受理申请之日起 15 日内作出准予贷款或者不准贷款的决定，并通知申请人；准予贷款的，由受委托银行办理贷款手续。住房公积金贷款的风险，由住房公积金管理中心承担。

第二十七条

申请人申请住房公积金贷款的，应当提供担保。

第二十八条

住房公积金管理中心在保证住房公积金提取和贷款的前提下，经住房公积金管理委员会批准，可以将住房公积金用于购买国债。住房公积金管理中心不得向他人提供担保。

第二十九条

住房公积金的增值收益应当存入住房公积金管理中心在受委托银行开立的住房公积金增值收益专户，用于建立住房公积金贷款风险准备金、住房公积金管理中心的管理费用和建设城市廉租住房的补充资金。

第三十条

住房公积金管理中心的管理费用，由住房公积金管理中心按照规定的标准编制全年预算支出总额，报本级人民政府财政部门批准后，从住房公积金增值收益中上交本级财政，由本级财政拨付。住房公积金管理中心的管理费用标准，由省、自治区、直辖市人民政府建设行政主管部门会同同级财政部门按照略高于国家规定的事业单位费用标准制定。

第五章　监督

第三十一条

地方有关人民政府财政部门应当加强对本行政区域内住房公积金归集、提取和使用情况的监督，并向本级人民政府的住房公积金管理委员会通报。住房公积金管理中心在编制住房公积金归集、使用计划时，应当征求财政部门的意见。住房公积金管理委员会在审批住房公积金归集、使用计划和计划执行情况的报告时，必须有财政部门参加。

第三十二条

住房公积金管理中心编制的住房公积金年度预算、决算，应当经财政部门审核后，提交住房公积金管理委员会审议。住房公积金管理中心应当每年定期向财政部门和住房公积金管理委员会报送财务报告，并将财务报告向社会公布。

第三十三条

住房公积金管理中心应当依法接受审计部门的审计监督。

第三十四条

住房公积金管理中心和职工有权督促单位按时履行下列义务：（一）住房公积金的缴存登记或者变更、注销登记；（二）住房公积金账户的设立、转移或者封存；（三）足额缴存住房公积金。

第三十五条

住房公积金管理中心应当督促受委托银行及时办理委托合同约定的业务。受委托银行应当按照委托合同的约定，定期向住房公积金管理中心提供有关的业务资料。

第三十六条

职工、单位有权查询本人、本单位住房公积金的缴存、提取情况，住房公积金管理中心、受委托银行不得拒绝。职工、单位对住房公积金账户内的存储余额有异议的，可以申请受委托银行复核；对复核结果有异议的，可以申请住房公积金管理中心重新复核。受委托银行、住房公积金管理中心应当自收到申请之日起5日内给予书面答复。职工有权揭发、检举、控告挪用住房公积金的行为。

第六章　罚则

第三十七条

违反本条例的规定，单位不办理住房公积金缴存登记或者不为本单位职工办理住房公积金账户设立手续的，由住房公积金管理中心责令限期办理；逾期不办理的，处 1 万元以上 5 万元以下的罚款。

第三十八条

违反本条例的规定，单位逾期不缴或者少缴住房公积金的，由住房公积金管理中心责令限期缴存；逾期仍不缴存的，可以申请人民法院强制执行。

第三十九条

住房公积金管理委员会违反本条例规定审批住房公积金使用计划的，由国务院建设行政主管部门会同国务院财政部门或者由省、自治区人民政府建设行政主管部门会同同级财政部门，依据管理职权责令限期改正。

第四十条

住房公积金管理中心违反本条例规定，有下列行为之一的，由国务院建设行政主管部门或者省、自治区人民政府建设行政主管部门依据管理职权，责令限期改正；对负有责任的主管人员和其他直接责任人员，依法给予行政处分：(一)未按照规定设立住房公积金专户的；(二)未按照规定审批职工提取、使用住房公积金的；(三)未按照规定使用住房公积金增值收益的；(四)委托住房公积金管理委员会指定的银行以外的机构办理住房公积金金融业务的；(五)未建立职工住房公积金明细账的；(六)未为缴存住房公积金的职工发放缴存住房公积金的有效凭证的；(七)未按照规定用住房公积金购买国债的。

第四十一条

违反本条例规定，挪用住房公积金的，由国务院建设行政主管部门或者省、自治区人民政府建设行政主管部门依据管理职权，追回挪用的住房公积金，没收违法所得；对挪用或者批准挪用住房公积金的人民政府负责人和政府有关部门负责人以及住房公积金管理中心负有责任的主管人员和其他直接责任人员，依照刑法关于挪用公款罪或者其他罪的规定，依法追究刑事责任；尚不够刑事处罚的，给予降级或者撤职的行政处分。

第四十二条

住房公积金管理中心违反财政法规的，由财政部门依法给予行政处罚。

第四十三条

违反本条例规定，住房公积金管理中心向他人提供担保的，对直接负责的主管人员和其他直接责任人员依法给予行政处分。

第四十四条

国家机关工作人员在住房公积金监督管理工作中滥用职权、玩忽职守、徇私舞弊，构成犯罪的，依法追究刑事责任；尚不构成犯罪的，依法给予行政处分。

第七章 附则

第四十五条

住房公积金财务管理和会计核算的办法，由国务院财政部门商国务院建设行政主管部门制定。

第四十六条

本条例施行前尚未办理住房公积金缴存登记和职工住房公积金账户设立手续的单位，应当自本条例施行之日起 60 日内到住房公积金管理中心办理缴存登记，并到受委托银行办理职工住房公积金账户设立手续。

第四十七条

本条例自发布之日起施行。

附录四：《中华人民共和国个人所得税法》

中华人民共和国个人所得税法(2018 修正)

基本信息

◇发文字号　　中华人民共和国主席令第九号

◇效力级别　　法律

◇时效性　　　现行有效

◇发布日期　　2018-08-31

◇实施日期　　2019-01-01

◇发布机关　　全国人大常委会

法律修订

★1980年9月10日第五届全国人民代表大会第三次会议通过根据 1993 年 10 月 31 日第八届全国人民代表大会常务委员会第四次会议《关于修改〈中华人民共和国个人所得税法〉的决定》第一次修正

★根据 1999 年 8 月 30 日第九届全国人民代表大会常务委员会第十一次会议《关于修改〈中华人民共和国个人所得税法〉的决定》第二次修正

★根据 2005 年 10 月 27 日第十届全国人民代表大会常务委员会第十八次会议《关于修改〈中华人民共和国个人所得税法〉的决定》第三次修正

★根据 2007 年 6 月 29 日第十届全国人民代表大会常务委员会第二十八次会议《关于修改〈中华人民共和国个人所得税法〉的决定》第四次修正

★根据 2007 年 12 月 29 日第十届全国人民代表大会常务委员会第三十一次会议《关于修改〈中华人民共和国个人所得税法〉的决定》第五次修正

★根据 2011 年 6 月 30 日第十一届全国人民代表大会常务委员会第二十一次会议《关于修改〈中华人民共和国个人所得税法〉的决定》第六次修正

★根据 2018 年 8 月 31 日第十三届全国人民代表大会常务委员会第五次会议《关于修改〈中华人民共和国个人所得税法〉的决定》第七次修正

正文

第一条

在中国境内有住所，或者无住所而一个纳税年度内在中国境内居住累计满一百八十三天的个人，为居民个人。居民个人从中国境内和境外取得的所得，依照本法规定缴纳个人所得税。在中国境内无住所又不居住，或者无住所而一个纳税年度内在中国境内居住累计不满一百八十三天的个人，为非居民个人。非居民个人从中国境内取得的所得，依照本法规定缴纳个人所得税。纳税年度，自公历一月一日起至十二月三十一日止。

第二条

下列各项个人所得，应当缴纳个人所得税：（一）工资、薪金所得；（二）劳务报酬所得；（三）稿酬所得；（四）特许权使用费所得；（五）经营所得；（六）利息、股息、红利所得；

（七）财产租赁所得；（八）财产转让所得；（九）偶然所得。居民个人取得前款第一项至第四项所得（以下称综合所得），按纳税年度合并计算个人所得税；非居民个人取得前款第一项至第四项所得，按月或者按次分项计算个人所得税。纳税人取得前款第五项至第九项所得，依照本法规定分别计算个人所得税。

第三条

个人所得税的税率：（一）综合所得，适用百分之三至百分之四十五的超额累进税率（税率表附后）；（二）经营所得，适用百分之五至百分之三十五的超额累进税率（税率表附后）；（三）利息、股息、红利所得，财产租赁所得，财产转让所得和偶然所得，适用比例税率，税率为百分之二十。

第四条

下列各项个人所得，免征个人所得税：（一）省级人民政府、国务院部委和中国人民解放军军以上单位，以及外国组织、国际组织颁发的科学、教育、技术、文化、卫生、体育、环境保护等方面的奖金；（二）国债和国家发行的金融债券利息；（三）按照国家统一规定发给的补贴、津贴；（四）福利费、抚恤金、救济金；（五）保险赔款；（六）军人的转业费、复员费、退役金；（七）按照国家统一规定发给干部、职工的安家费、退职费、基本养老金或者退休费、离休费、离休生活补助费；（八）依照有关法律规定应予免税的各国驻华使馆、领事馆的外交代表、领事官员和其他人员的所得；（九）中国政府参加的国际公约、签订的协议中规定免税的所得；（十）国务院规定的其他免税所得。前款第十项免税规定，由国务院报全国人民代表大会常务委员会备案。

第五条

有下列情形之一的，可以减征个人所得税，具体幅度和期限，由省、自治区、直辖市人民政府规定，并报同级人民代表大会常务委员会备案：（一）残疾、孤老人员和烈属的所得；（二）因自然灾害遭受重大损失的。国务院可以规定其他减税情形，报全国人民代表大会常务委员会备案。

第六条

应纳税所得额的计算：（一）居民个人的综合所得，以每一纳税年度的收入额减除费用六万元以及专项扣除、专项附加扣除和依法确定的其他扣除后的余额，为应纳税所得额。（二）非居民个人的工资、薪金所得，以每月收入额减除费用五千元后的余额为应纳税所得额；劳务报酬所得、稿酬所得、特许权使用费所得，以每次收入额为应纳税所得额。（三）经营所得，以每一纳税年度的收入总额减除成本、费用以及损失后的余额，为应纳税所得额。（四）财产租赁所得，每次收入不超过四千元的，减除费用八百元；四千元以上的，减除百分之二十的费用，其余额为应纳税所得额。（五）财产转让所得，以转让财产的收入额减除财产原值和合理费用后的余额，为应纳税所得额。（六）利息、股息、红利所得和偶然所得，以每次收入额为应纳税所得额。劳务报酬所得、稿酬所得、特许权使用费所得以收入减除百分之二十的费用后的余额为收入额。稿酬所得的收入额减按百分之七十计算。个人将其所得对教育、扶贫、济困等公益慈善事业进行捐赠，捐赠额未超过纳税人申报的应纳税所得额百分之三十的部分，可以从其应纳税所得额中扣除；国务院规定对公益慈善事业捐赠实行全额税前扣除的，从其规定。本条第一款第一项规定的专项扣除，包括居民个人按照国家规定的范围和标准缴纳的基本养老保险、基本医疗保险、失业保险等社会保险费和住房公积金等；专项附加扣除，包括子女教育、继续教育、大病医疗、住房贷款利息或者住房租金、赡养老人等支出，具体范围、标准和实施步骤由国务院确定，并报全国人民代表大会常务委员会备案。

第七条

居民个人从中国境外取得的所得，可以从其应纳税额中抵免已在境外缴纳的个人所得税税额，但抵免额不得超过该纳税人境外所得依照本法规定计算的应纳税额。

第八条

有下列情形之一的，税务机关有权按照合理方法进行纳税调整：（一）个人与其关联方之间的业务往来不符合独立交易原则而减少本人或者其关联方应纳税额，且无正当理由；（二）居民个人控制的，或者居民个人和居民企业共同控制的设立在实际税负明显偏低的国家（地区）的企业，无合理经营需要，对应当归属于居民个人的利润不作分配或者减少分配；（三）个人实施其他不具有合理商业目的的安排而获取不当税收利益。税务机关依照前款规定作出纳税调整，需要补征税款的，应当补征税款，并依法加收利息。

第九条

个人所得税以所得人为纳税人，以支付所得的单位或者个人为扣缴义务人。纳税人有中国公民身份号码的，以中国公民身份号码为纳税人识别号；纳税人没有中国公民身份号码的，由税务机关赋予其纳税人识别号。扣缴义务人扣缴税款时，纳税人应当向扣缴义务人提供纳税人识别号。

第十条

有下列情形之一的，纳税人应当依法办理纳税申报：（一）取得综合所得需要办理汇算清缴；（二）取得应税所得没有扣缴义务人；（三）取得应税所得，扣缴义务人未扣缴税款；（四）取得境外所得；（五）因移居境外注销中国户籍；（六）非居民个人在中国境内从两处以上取得工资、薪金所得；（七）国务院规定的其他情形。扣缴义务人应当按照国家规定办理全员全额扣缴申报，并向纳税人提供其个人所得和已扣缴税款等信息。

第十一条

居民个人取得综合所得，按年计算个人所得税；有扣缴义务人的，由扣缴义务人按月或者按次预扣预缴税款；需要办理汇算清缴的，应当在取得所得的次年三月一日至六月三十日内办理汇算清缴。预扣预缴办法由国务院税务主管部门制定。居民个人向扣缴义务人提供专项附加扣除信息的，扣缴义务人按月预扣预缴税款时应当按照规定予以扣除，不得拒绝。非居民个人取得工资、薪金所得，劳务报酬所得，稿酬所得和特许权使用费所得，有扣缴义务人的，由扣缴义务人按月或者按次代扣代缴税款，不办理汇算清缴。

第十二条

纳税人取得经营所得，按年计算个人所得税，由纳税人在月度或者季度终了后十五日内向税务机关报送纳税申报表，并预缴税款；在取得所得的次年三月三十一日前办理汇算清缴。纳税人取得利息、股息、红利所得，财产租赁所得，财产转让所得和偶然所得，按月或者按次计算个人所得税，有扣缴义务人的，由扣缴义务人按月或者按次代扣代缴税款。

第十三条

纳税人取得应税所得没有扣缴义务人的，应当在取得所得的次月十五日内向税务机关报送纳税申报表，并缴纳税款。纳税人取得应税所得，扣缴义务人未扣缴税款的，纳税人应当在取得所得的次年六月三十日前，缴纳税款；税务机关通知限期缴纳的，纳税人应当按照期限缴纳税款。居民个人从中国境外取得所得的，应当在取得所得的次年三月一日至六月三十日内申报纳税。非居民个人在中国境内从两处以上取得工资、薪金所得的，应当在取得所得的次月十五日内申报纳税。纳税人因移居境外注销中国户籍的，应当在注销中国户籍前办理税款清算。

第十四条

扣缴义务人每月或者每次预扣、代扣的税款，应当在次月十五日内缴入国库，并向税务机关报送扣缴个人所得税申报表。纳税人办理汇算清缴退税或者扣缴义务人为纳税人办理汇算清缴退税的，税务机关审核后，按照国库管理的有关规定办理退税。

第十五条

公安、人民银行、金融监督管理等相关部门应当协助税务机关确认纳税人的身份、金融账户信息。教育、卫生、医疗保障、民政、人力资源社会保障、住房城乡建设、公安、人民银行、金融监督管理等相关部门应当向税务机关提供纳税人子女教育、继续教育、大病医疗、住房贷款利息、住房租金、赡养老人等专项附加扣除信息。个人转让不动产的，税务机关应当根据不动产登记等相关信息核验应缴的个人所得税，登记机构办理转移登记时，应当查验与该不动产转让相关的个人所得税的完税凭证。个人转让股权办理变更登记的，市场主体登记机关应当查验与该股权交易相关的个人所得税的完税凭证。有关部门依法将纳税人、扣缴义务人遵守本法的情况纳入信用信息系统，并实施联合激励或者惩戒。

第十六条

各项所得的计算，以人民币为单位。所得为人民币以外的货币的，按照人民币汇率中间价折合成人民币缴纳税款。

第十七条

对扣缴义务人按照所扣缴的税款，付给百分之二的手续费。

第十八条

对储蓄存款利息所得开征、减征、停征个人所得税及其具体办法，由国务院规定，并报全国人民代表大会常务委员会备案。

第十九条

纳税人、扣缴义务人和税务机关及其工作人员违反本法规定的，依照《中华人民共和国税收征收管理法》和有关法律法规的规定追究法律责任。

第二十条

个人所得税的征收管理，依照本法和《中华人民共和国税收征收管理法》的规定执行。

第二十一条

国务院根据本法制定实施条例。

第二十二条

本法自公布之日起施行。

附录五：《个人所得税专项附加扣除暂行办法》

个人所得税专项附加扣除暂行办法

第一条 根据《中华人民共和国个人所得税法》规定，制定本办法。

第二条 个人所得税专项附加扣除在纳税人本年度综合所得应纳税所得额中扣除，本年度扣除不完的，不得结转以后年度扣除。

本办法所称个人所得税专项附加扣除，是指个人所得税法规定的子女教育、继续教育、大病医疗、住房贷款利息、住房租金和赡养老人等 6 项专项附加扣除。

第三条 个人所得税专项附加扣除遵循公平合理、简便易行、切实减负、改善民生的原则。

第四条 根据教育、住房、医疗等民生支出变化情况，适时调整专项附加扣除范围和标准。

第二章 子女教育专项附加扣除

第五条 纳税人的子女接受学前教育和学历教育的相关支出，按照每个子女每年 12000 元（每月 1000 元）的标准定额扣除。

前款所称学前教育包括年满 3 岁至小学入学前教育。学历教育包括义务教育（小学和初中教育）、高中阶段教育（普通高中、中等职业教育）、高等教育（大学专科、大学本科、硕士研究生、博士研究生教育）。

第六条 受教育子女的父母分别按扣除标准的 50%扣除；经父母约定，也可以选择由其中一方按扣除标准的 100%扣除。具体扣除方式在一个纳税年度内不得变更。

第三章 继续教育专项附加扣除

第七条 纳税人接受学历继续教育的支出，在学历教育期间按照每年 4800 元（每月 400 元）定额扣除。纳税人接受技能人员职业资格继续教育、专业技术人员职业资格继续教育支出，在取得相关证书的年度，按照每年 3600 元定额扣除。

第八条 个人接受同一学历教育事项，符合本办法规定扣除条件的，该项教育支出可以由其父母按照子女教育支出扣除，也可以由本人按照继续教育支出扣除，但不得同时扣除。

第四章 大病医疗专项附加扣除

第九条 一个纳税年度内，在社会医疗保险管理信息系统记录的（包括医保目录范围内的自付部分和医保目录范围外的自费部分）由个人负担超过 15000 元的医药费用支出部分，为大病医疗支出，可以按照每年 60000 元标准限额据实扣除。大病医疗专项附加扣除由纳税人办理汇算清缴时扣除。

第十条 纳税人发生的大病医疗支出由纳税人本人扣除。

第十一条 纳税人应当留存医疗服务收费相关票据原件（或复印件）。

第五章 住房贷款利息专项附加扣除

第十二条 纳税人本人或配偶使用商业银行或住房公积金个人住房贷款为本人或其配偶购买住房，发生的首套住房贷款利息支出，在偿还贷款期间，可以按照每年 12000 元（每月 1000 元）标准定额扣除。非首套住房贷款利息支出，纳税人不得扣除。纳税人只能享受一套首套住房贷款利息扣除。

第十三条 经夫妻双方约定，可以选择由其中一方扣除，具体扣除方式在一个纳税年度内不得变更。

第十四条 纳税人应当留存住房贷款合同、贷款还款支出凭证。

第六章 住房租金专项附加扣除

第十五条 纳税人本人及配偶在纳税人的主要工作城市没有住房，而在主要工作城市租赁住房发生的租金支出，可以按照以下标准定额扣除：

（一）承租的住房位于直辖市、省会城市、计划单列市以及国务院确定的其他城市，扣除标准为每年 14400 元（每月 1200 元）；

（二）承租的住房位于其他城市的，市辖区户籍人口超过 100 万的，扣除标准为每年 12000 元（每月 1000 元）；

（三）承租的住房位于其他城市的，市辖区户籍人口不超过 100 万（含）的，扣除标准为每年 9600 元（每月 800 元）。

第十六条 主要工作城市是指纳税人任职受雇所在城市，无任职受雇单位的，为其经常居住城市。城市范围包括直辖市、计划单列市、副省级城市、地级市（地区、州、盟）全部行政区域范围。

夫妻双方主要工作城市相同的，只能由一方扣除住房租金支出。夫妻双方主要工作城市不相同的，且各自在其主要工作城市都没有住房的,可以分别扣除住房租金支出。

第十七条 住房租金支出由签订租赁住房合同的承租人扣除。

第十八条 纳税人及其配偶不得同时分别享受住房贷款利息专项附加扣除和住房租金专项附加扣除。

第十九条 纳税人应当留存住房租赁合同。

第七章 赡养老人专项附加扣除

第二十条 纳税人赡养 60 岁(含)以上父母以及其他法定赡养人的赡养支出,可以按照以下标准定额扣除:

(一)纳税人为独生子女的,按照每年 24000 元(每月 2000 元)的标准定额扣除;

(二)纳税人为非独生子女的,应当与其兄弟姐妹分摊每年 24000 元(每月 2000 元)的扣除额度,分摊方式包括平均分摊、被赡养人指定分摊或者赡养人约定分摊,具体分摊方式在一个纳税年度内不得变更。采取指定分摊或约定分摊方式的,每一纳税人分摊的扣除额最高不得超过每年 12000 元(每月 1000 元),并签订书面分摊协议。指定分摊与约定分摊不一致的,以指定分摊为准。纳税人赡养 2 个及以上老人的,不按老人人数加倍扣除。

第二十一条 其他法定赡养人是指祖父母、外祖父母的子女已经去世,实际承担对祖父母、外祖父母赡养义务的孙子女、外孙子女。

第八章 征收管理

第二十二条 纳税人向收款单位索取发票、财政票据、支出凭证,收款单位不得拒绝提供。

第二十三条 纳税人首次享受专项附加扣除，应当将相关信息提交扣缴义务人或者税务机关，扣缴义务人应尽快将相关信息报送税务机关，纳税人对所提交信息的真实性负责。专项附加扣除信息发生变化的，应当及时向扣缴义务人或者税务机关提供相关信息。

前款所称专项附加扣除相关信息，包括纳税人本人、配偶、未成年子女、被赡养老人等个人身份信息，以及国务院税务主管部门规定的其他与专项附加扣除相关信息。

第二十四条 有关部门和单位应当向税务部门提供或协助核实以下与专项附加扣除有关的信息：

（一）公安部门有关身份信息、户籍信息、出入境证件信息、出国留学人员信息、公民死亡标识等信息；

（二）卫生健康部门有关出生医学证明信息、独生子女信息；

（三）民政部门、外交部门、最高法院有关婚姻登记信息；

（四）教育部门有关学生学籍信息（包括学历继续教育学生学籍信息）、或者在相关部门备案的境外教育机构资质信息；

（五）人力资源社会保障等部门有关学历继续教育（职业技能教育）学生学籍信息、职业资格继续教育、技术资格继续教育信息；

（六）财政部门有关继续教育收费财政票据信息；

（七）住房城乡建设部门有关房屋租赁信息、住房公积金管理机构有关住房公积金贷款还款支出信息；

（八）自然资源部门有关不动产登记信息；

（九）人民银行、金融监督管理部门有关住房商业贷款还款支出信息；

（十）医疗保障部门有关个人负担的医药费用信息；

（十一）其他信息。

上述数据信息的格式、标准、共享方式，由国务院税务主管部门商有关部门确定。

有关部门和单位拥有专项附加扣除涉税信息，但拒绝向税务部门提供的，由税务部门提请同级国家监察机关依法追究其主要负责人及相关人员的法律责任。

第二十五条 扣缴义务人应当按照纳税人提供的信息计算办理扣缴申报，不得擅自更改纳税人提供的相关信息。

扣缴义务人发现纳税人申报虚假信息的，应当提醒纳税人更正；纳税人拒不改正的，扣缴义务人应当告知税务机关。

第二十六条 税务机关核查专项附加扣除情况时，有关部门、企事业单位和个人应当协助核查。

核查时首次发现纳税人拒不提供或者提供虚假资料凭据的，应通报纳税人和扣缴义务人，五年内再次发现上述情形的，记入纳税人信用记录，会同有关部门实施联合惩戒。

第九章 附则

第二十七条 本办法所称父母，是指生父母、继父母、养父母。本办法所称子女，是指婚生子女、非婚生子女、继子女、养子女。父母之外的其他人担任未成年人的监护人的，比照本办法规定执行。

第二十八条 外籍个人如果符合子女教育、继续教育、住房贷款利息或住房租金专项附加扣除条件，可选择按上述项目扣除，也可以选择继续享受现行有关子女教育费、语言训练费、住房补贴的免税优惠，但同一类支出事项不得同时享受。

第二十九条 具体操作办法，由国务院税务主管部门另行制定。

第三十条 本办法自 2019 年 1 月 1 日起实施。

附录六：国务院办公厅关于支持多渠道灵活就业的意见

国办发〔2020〕27号

各省、自治区、直辖市人民政府，国务院各部委、各直属机构：

个体经营、非全日制以及新就业形态等灵活多样的就业方式，是劳动者就业增收的重要途径，对拓宽就业新渠道、培育发展新动能具有重要作用。为全面强化稳就业举措，落实保居民就业任务，经国务院同意，现就支持多渠道灵活就业提出以下意见。

一、总体要求

以习近平新时代中国特色社会主义思想为指导，全面贯彻党的十九大和十九届二中、三中、四中全会精神，坚持以人民为中心的发展思想，把支持灵活就业作为稳就业和保居民就业的重要举措，坚持市场引领和政府引导并重、放开搞活和规范有序并举，顺势而为、补齐短板，因地制宜、因城施策，清理取消对灵活就业的不合理限制，强化政策服务供给，创造更多灵活就业机会，激发劳动者创业活力和创新潜能，鼓励自谋职业、自主创业，全力以赴稳定就业大局。

二、拓宽灵活就业发展渠道

（一）鼓励个体经营发展。持续深化商事制度改革，提供便捷高效的咨询、注册服务。引导劳动者以市场为导向，依法自主选择经营范围。鼓励劳动者创办投资小、见效快、易转型、风险小的小规模经济实体。支持发展各类特色小店，完善基础设施，增加商业资源供给。对下岗失业人员、高校毕业生、农民工、就业困难人员等重点群体从事个体经营的，按规定给予创业担保贷款、税收优惠、创业补贴等政策支持。（财政部、人力资源社会保障部、商务部、人民银行、税务总局、市场监管总局等按职责分工负责）

（二）增加非全日制就业机会。落实财政、金融等针对性扶持政策，推动非全日制劳动者较为集中的保洁绿化、批发零售、建筑装修等行业提质扩容。增强养老、托幼、心理疏导和社会工作等社区服务业的吸纳就业能力。加强对非全日制劳动者的政策支持，对就业困难人员、离校 2 年内未就业高校毕业生从事非全日制等工作的，按规定给予社会保险补贴。（民政部、财政部、人力资源社会保障部、住房城乡建设部、商务部、人民银行等按职责分工负责）

（三）支持发展新就业形态。实施包容审慎监管，促进数字经济、平台经济健康发展，加快推动网络零售、移动出行、线上教育培训、互联网医疗、在线娱乐等行业发展，为劳动者居家就业、远程办公、兼职就业创造条件。合理设定互联网平台经济及其他新业态新模式监管规则，鼓励互联网平台企业、中介服务机构等降低服务费、加盟管理费等费用，创造更多灵活就业岗位，吸纳更多劳动者就业。（国家发展改革委、教育部、工业和信息化部、人力资源社会保障部、交通运输部、商务部、文化和旅游部、国家卫生健康委、市场监管总局等按职责分工负责）

三、优化自主创业环境

（四）加强审批管理服务。开通行业准入办理绿色通道，对需要办理相关行业准入许可的，实行多部门联合办公、一站式审批。在政府指定的场所和时间内销售农副产品、日常生活用品，或者个人利用自己的技能从事依法无须取得许可的便民劳务活动，无须办理营业执照。加大"放管服"改革力度，引导劳动者规范有序经营。（市场监管总局和地方各级人民政府按职责分工负责）

（五）取消部分收费。取消涉及灵活就业的行政事业性收费，对经批准占道经营的免征城市道路占用费。建立公开投诉举报渠道，依法查处违规收费行为。（财政部、住房城乡建设部、市场监管总局和地方各级人民政府按职责分工负责）

（六）提供低成本场地支持。落实阶段性减免国有房产租金政策，鼓励各类业主减免或缓收房租，帮助个体经营者等灵活就业人员减轻房租负担。有条件的地方可将社区综合服务设施闲置空间、非必要办公空间改造为免费经营场地，优先向下岗失业人员、高校毕业生、农民工、就业困难人员提供。（国家发展改革委、民政部、住房城乡建设部和地方各级人民政府按职责分工负责）

四、加大对灵活就业保障支持

（七）推动新职业发布和应用。密切跟踪经济社会发展、互联网技术应用和职业活动新变化，广泛征求社会各方面对新职业的意见建议，动态发布社会需要的新职业、更新职业分类，引导直播销售、网约配送、社群健康等更多新就业形态发展。及时制定新职业标准，推出新职业培训课程。完善统计监测制度，探索建立新就业形态统计监测指标。（人力资源社会保障部、国家统计局等负责。列第一位者为牵头单位，下同）

（八）开展针对性培训。将有创业意愿的灵活就业人员纳入创业培训范围，组织开展开办店铺、市场分析、经营策略等方面的创业培训，促进提升创业能力和创业成功率。支持各类院校、培训机构、互联网平台企业，更多组织开展养老、托幼、家政、餐饮、维修、美容美发等技能培训和新兴产业、先进制造业、现代服务业等领域新职业技能培训，推进线上线下结合，灵活安排培训时间和培训方式，按规定落实职业培训补贴和培训期间生活费补贴，增强劳动者就业能力。（人力资源社会保障部、教育部、财政部等负责）

（九）优化人力资源服务。把灵活就业岗位供求信息纳入公共就业服务范围，开设灵活就业专区专栏，免费发布供求信息，按需组织专场招聘，送岗位进基层进社区，提供职业指导等服务。指导企业规范开展用工余缺调剂，帮助有"共享用工"需求的企业精准、高效匹配人力资源。有条件的城市可选择交通便利、人员求职集中的地点设立劳务市场或零工市场，组织劳务对接洽谈，加强疫情防控、秩序维护和安全管理。鼓励各类人力资源服务机构为灵活就业人员提供规范有序的求职招聘、技能培训、人力资源外包等专业化服务，按规定给予就业创业服务补助。（人力资源社会保障部、财政部等负责）

（十）维护劳动保障权益。研究制定平台就业劳动保障政策，明确互联网平台企业在劳动者权益保护方面的责任，引导互联网平台企业、关联企业与劳动者协商确定劳动报酬、休息休假、职业安全保障等事项，引导产业（行业、地方）工会与行业协会或行业企业代表协商制定行业劳动定额标准、工时标准、奖惩办法等行业规范。依法纠正拖欠劳动报酬等违法违规行为。持续深入推进工程建设领域农民工按项目参加工伤保险，有针对性地做好

工伤预防工作。（人力资源社会保障部、应急部、全国总工会等按职责分工负责）

（十一）加大对困难灵活就业人员帮扶力度。2020 年缴纳基本养老保险费确有困难的灵活就业人员，可按规定自愿暂缓缴费。对符合条件的灵活就业人员，及时按规定纳入最低生活保障、临时救助范围。（民政部、财政部、人力资源社会保障部、税务总局等按职责分工负责）

五、切实加强组织实施

（十二）强化组织领导。地方各级人民政府特别是市、县级人民政府要切实履行稳就业主体责任，把支持多渠道灵活就业作为就业工作重要内容，结合实际创新工作举措，加强规范引导，完善监督管理，促进灵活就业健康发展。各级人民政府要统筹用好就业补助资金和其他稳就业、保就业的资金，保障灵活就业扶持政策落实。各有关部门要同向发力、分工合作，坚持问题导向，完善政策措施，共同破解工作难题。（各有关部门、单位和地方各级人民政府按职责分工负责）

（十三）加强激励督导。各地区各有关部门要加强督促检查和政策实施情况评估，狠抓政策落实，简化手续，提高效率，确保灵活就业人员便捷享受各项支持政策和就业创业服务。将支持多渠道灵活就业有关工作纳入文明城市创建和测评内容。对灵活就业政策落实好、发展环境优、工作成效显著的城市，优先纳入创业型城市创建范围。（中央文明办、人力资源社会保障部和地方各级人民政府按职责分工负责）

（十四）注重舆论引导。充分利用各种宣传渠道和媒介，大力宣传支持灵活就业的政策措施和典型做法，宣传自主就业创业和灵活就业的典型事迹。建立舆情监测和处置机制，积极主动回

应社会关切，营造良好舆论氛围。（各有关部门、单位和地方各级人民政府按职责分工负责）

国务院办公厅

2020 年 7 月 28 日

后 记

　　2020 年初的一场新冠疫情，给世界带来了巨大的灾难，使得全世界各国都遭受到了巨大的损失。在疫情期间大量的企业停工停产，导致经济大幅度倒退，失业人口急速上升。伴随着疫情的缓解，我国政府出台了多项刺激经济的政策，迅速将我们拉回到了正轨。针对广大民众关注的就业问题，国家也认真探讨了"灵活用工"的可行性，逐步放开了相关的政策，这是一种进步。在本书临近出版之前，我国还在持续不断地推出各项刺激就业与降低企业税负的政策。相信在国家的正确领导下，我们一定可以在后疫情时代，探索出更加适合我国国情的用工与就业方式。

　　本书从有构思到写作再到最后成形，前后经历了近 5 个月的时间，期间有来自同行的挑战，认为没有必要再去研究某些已经过时的业务；也有来自同事与客户的鼓励，认为这可以帮助他们解决工作中的问题。此外在写作过程中由于自身原因也一度有过放弃的念头，但在朋友与师长的鼓励下最终坚持下来。在此向在我写作过程中给予我帮助的老师与朋友道声感谢。

　　最后本书中的观点更多为我个人之见，由于个人能力与水平有限，书中还有很多不足，欢迎大家能予以指正。如果各位对于书中的一些内容有自己的见解或者思考，也欢迎各位与我交流沟通，我们彼此共同进步。

王汉林

2020 年 10 月 10 日